성공하는 투자자는
재무제표부터 본다

성공하는 투자자는 재무제표부터 본다

초판 1쇄 발행 2025년 1월 10일

지은이 | 김우영
발행인 | 홍경숙
발행처 | 위너스북

경영총괄 | 안경찬
기획편집 | 이다현, 김서희
마케팅 | 박미애

출판등록 | 2008년 5월 2일 제2008-000221호
주소 | 서울 마포구 토정로 222, 201호(한국출판콘텐츠센터)
주문전화 | 02-325-8901
팩스 | 02-325-8902

표지 디자인 | 유어텍스트
본문 디자인 | 최치영
지업사 | 한서지업
인쇄 | 영신문화사

ISBN 979-11-89352-86-8 (03320)

돈의 흐름을 읽는 핵심 재무분석 가이드

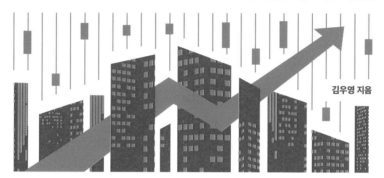

김우영 지음

성공하는 투자자는
재무제표
부터 본다

위너스북
WINNER'S BOOK

재무회계 관련 강의에서 만나거나 책을 사 읽는 분들의 눈빛은 대부분 비슷합니다. '어서 빨리 재무제표를 보고 성공투자를 할 수 있는 비법을 알려 달라'고 소리 없이 외치십니다. 하지만 죄송합니다. 그렇게 근사한 재무제표 분석 비법은 존재하지 않습니다. 몇몇 사례와 단편적인 회계정보를 이어 붙인 뒤, 당장이라도 투자 정보가 술술 읽힐 것이라고 유혹하고 싶지만 그럴 수는 없습니다.

　생각해보죠. 손흥민 선수는 누구나 인정하는 최고의 축구선수입니다. 성공의 요인들이 있겠죠. 근면 성실했고 엄격한 아버지의 교육이 있었습니다. 손흥민 선수의 성공 요인을 들었으니 지금 당장 유소년 축구교실로 달려가 제2, 제3의 손흥민을 찾아내 봅시다. 가능한가요? 불가능합니다. 결과론의 함정입니다. 성공과 실패의 결과가 나온 뒤 그 이유를 설명하면 이해는 쉽게 됩니다. 그것이 핵심일 수도 있습니다. 하지만 초보 투자자에게 그런 특정 성공 혹은 실패 사례에 대한 결과론적 설명이 실질적인 도움이 될까요? 방금까지 술술 읽히던 책을 덮고 실제 재무제표를 마주하면 눈앞이 하얘지기 십상입니다.

그런가 하면 당장 써먹을 수 있는 원포인트 투자비법을 원하는 분들도 있습니다. 역시나 그런 것은 없습니다. 2005년에 개봉했던 영화 '웰컴 투 동막골'은 1950년, 전쟁이 난 줄도 모르고 있는 강원도 오지 산골 마을을 배경으로 합니다. 그곳에 불시착한 미군 조종사에게 그나마 글귀 좀 외웠다는 서생이 대화를 시도합니다. 서생이 "How are you"라고 묻자 죽을 고비를 넘긴 미군 조종사는 잔뜩 화가 나서 심한 욕을 내뱉습니다. 그러자 당황한 서생은 괜스레 촌장님께 "제가 'How are you'라고 하면 저쪽에서 'Fine, Thank you. And you?'라고 해야 하는데 저러면 제가…"라며 말끝을 흐립니다.

원포인트 비법이란 것이 바로 이 'How are you-Fine, Thank you. And you?' 같은 것입니다. 달달 외워두면 분명 쓸모가 있지만 아주 조금만 달라지면 말문이 턱 막히는 것이죠.

그렇다고 일반 개인투자자가 전문가 수준의 회계, 재무 지식을 전부 쌓아야 할까요? 우리나라 코스피와 코스닥 상장 기업은 2,500개가 넘습니다. 주식 분석과 전망이 주된 업무인 증권사 애널리스트 3명 이상이 분석보고서(리포트)를 내는, 시장이 제법 주목하는 종목도 200개가 넘습니다. 미국 주식까지 더하면 범위는 훨씬 넓어지죠.

이렇게 세부 종목이 많은데 개인투자자가 각종 전문용어와 복잡한 회계원리가 총망라된 재무제표와 공시들을 일일이 챙겨보고 분석해 투자 아이디어를 얻는다는 건 현실적으로 쉽지 않습니다. 특히나 전문투자자가 아니라 대부분의 시간과 에너지를 생업에 써야 하는 개인투자자가 재무제표와 공시를 투자의 원재료(row source) 삼아 시간을 낭비하는 건 바람직하지 않습니다.

투자는 늘 얻는 편익(benefit) 못지않게 그에 들어가는 비용(cost)도 고려해야 합니다. 일반적인 개인투자자가 투자와 관련된 정보를 얻는 원천은 대부분 국내외 언론사가 생산한 뉴스 기사입니다. 조금 더 적극적인 투자자는 증권사 분석 보고서를 참조합니다. 온라인에 떠도는 다양한 분석이나 전망도 신문 기사나 분석 보고서를 재가공한 경우가 대다수입니다. 언론 기사나 증권사 보고서를 얻는 건 어럽지 않습니다. 스마트폰으로 언제든 편리하게 접할 수 있습니다. 비용(cost)이 거의 들지 않는 것이죠. 정보의 질이 떨어지나요? 결코 아닙니다. 쉽게 만날 수 없는 정재계의 핵심 인물을 만나 이야기를 듣고, 산업과 기업에 대해 하루 종일 들여다보고 가공해 생산하는 정보입니다. 관건은 그 정보들을 얼마나 잘 수용하느냐입니다. 입력되는 정보의 큰 그림을 스스로 그려보고 타당성을 따져보지 않은 채 기사와 보고서를 피상적으로만 보면 남들과 차별화된 인사이트를 얻을 수 없습니다. 모두가 참여할 수 있는 투자의 세계에서 남들과 다르지 않으면 앞설 수 없습니다.

이 책은 일반 개인투자자에게 현재 발 딛고 서 있는 투자의 세계가 어디인지, 무엇을 향해 가고 있는지, 각 업종과 종목들은 어떤 상황에 놓여 있는지, 성과가 나거나 실패한다면 어떻게 될지를 가늠할 수 있도록 돕는 것을 목적으로 합니다. 그러기 위해선 입력되는 정보를 정리하고 올바르게 해석할 수 있는 기본 지식에 대한 이해가 필수적입니다. 그래서 재무제표와 회계에 대한 기본적인 원리와 중요 사항을 이해함으로써 관심이 생긴 업종, 종목에 대해 남들과 다르고 더 우월한 인사이트를 가지는 데 도움을 줄 수 있는 내용으로 구성하였습니다.

정보 수용자와 그 활용자로서 개인투자자는 재무제표를 작성해야 하는 기업의 실무 회계팀과 다릅니다. 또 그렇게 생산된 재무 보고서가 맞는지 확인하는 회계사와도 다릅니다. 당연히 재무제표를 대하는 방법도 달라야 합니다. 세세하게 각 계정 하나하나를 파고들 필요는 없습니다. 재무회계를 대하는 많은 분들의 실수가 맨 처음 나오는 재무상태표에서 맨 위에 나오는 '현금 및 현금성자산'부터 하나하나 각 계정과목을 차례로 공부하는 것입니다. 마치 영어공부를 하겠다면서 두꺼운 영어사전을 펼쳐놓고 A부터 단어를 모두 하나씩 외워나가는 것과 다르지 않습니다. 그런 구체적이고 실무적인 작업은 기업 재무회계팀이나 회계사들이 할 일입니다. 마치 영어사전을 편찬하는 출판사와 마찬가지죠. 일목요연하게 알파벳 순서라는 기준에 맞춰서 정리해 놓은 것이 재무제표입니다.

투자자는 회계재무의 기본 원리, 기초 원칙에 대한 명확한 이해를 토대로 기업의 재무에 영향을 줄 이벤트가 발생했다는 언론 기사나 분석 보고서가 나오면 나름의 이해를 통해 큰 그림을 그릴 수 있어야 합니다. 그리고 그것을 토대로 호재인지, 악재인지 평가해야 합니다. 이를 위해선 우선 회계 기본 원리에 대한 기초적인 이해가 필수입니다. 또 왜 그렇게 작성이 되는지를 알아야 앞날이 어떻게 될지 추정도 하고 예측도 할 수 있습니다. 마치 영어사전의 작성 기준이나 단어 구성의 원리를 알아야 내가 알고 싶어 하는 영어 단어를 금방 찾아서 나름대로 문장을 만들고 의미 있는 대화를 할 수 있는 것처럼 말입니다.

감가상각은 들어보셨을 것입니다. 왜 감가상각을 하는 것일까요? 기계와 공장설비가 낡아서? 전혀 아닙니다. 감가상각은 유무형자산의 비용처리란 점에서 재무 분석에서 굉장히 중요합니다. 이 감가상각을 이해하려면 회계적으로 자산의 개념과 정의를 정확히 이해해야 합니다. 또 손익계산서의 매출과 비용 개념도 확실히 알고 있어야 합니다. 일상적으로 사용하는 표현, 용어와는 다릅니다. 일상생활에서 '부채(liability)'는 빌린 돈, 갚아야 할 돈으로 여겨집니다. 그런데 조선사가 수주를 하면서 받는 계약금은 재무제표에 부채에 가 꽂혀 있습니다. 일상용어로써의 부채와 회계적 부채가 다르기 때문입니다. 당연히 회계적 부채에 대한 정확한 이해가 선행돼야 올바른 분석을 할 수 있습니다. 그런가 하면 조선사의 수주 계약금 처리는 이마트의 상품권 판매금액 회계처리와 한미약품의 라이센스 아웃 계약에 따른 선급금 반영 방법과 회계상 원리가 똑같습니다. 전혀 다른 업종인 데다 계정 과목도 전혀 다른데 말이죠. 회계 기초근본 원리를 알고 있다면 전혀 달라 보이는 재무 이벤트가 발생하더라도 금방 밑그림을 그릴 수 있습니다.

　또 다른 예를 들어보죠. 회사채(bond)는 부채(liability)입니다. 하지만 채권의 이름을 달고 있는 영구채(perpetual bond)는 자산(equity)입니다. 반대로 우선주(preferred stock)는 자산이지만 투자자에게 상환권이 있는 우선주는 부채입니다. 왜 그럴까요? 그냥 그런 것이라고 무턱대고 외울 것인가요? 나날이 새로운 자본조달 기법이 나오는데, 그때마다 기본 원리는 모른 채 외우기만 하면 분석이 될 리가 없습니다.

　회계, 재무는 학문으로 따지면 실용학문입니다. 진리나 법칙을 찾는 인문학이나 자연과학과는 다릅니다. 실무에서 바로 활용하고 기업과 투자자 간 정보 전달이 용이하도록 사회적으로 합의하고 약속한 규칙입니다. 그렇게 합의하고 약속한 기초 원리, 기본 개념을 정확히 알아야 실제로 어떻게 적용이 되는지를 이해할 수 있고, 그래야 분석을 시작할 수 있습니다. 회계재무의 기본 원리와 기초 이해를 돌파하는 과정은 조금 지루할 수 있고, 난해할 수도 있습니다. 하지만 그래야 어떤 업종, 어떤 기업에 대한 재무적 이벤트가 발생하더라도 해석하고 판단할 힘을 기를 수 있습니다.

이를 위해 기업 재무팀과 회계사 같은 작성자의 시각에서 쓰인 재무상태표의 자산, 부채, 자본을 투자자의 시점에서 재정의하고 재구성할 것입니다. 분석 목적에 불필요한 수많은 계정항목은 과감히 생략하고 자금의 흐름과 악재 호재를 가릴 수 있는 핵심에 집중할 것입니다. 또 손익계산서의 매출과 비용도 기본 원리를 이해함으로써 기업 재무 분석의 도구가 되도록 다시 짜는 방법을 알려드릴 것입니다.

모쪼록 이 책이 독자 여러분의 투자 의사 결정에 귀중한 밑거름이 되길 바랍니다.

CONTENTS

재무제표
다시 쓰기

재무 분석의 핵심,
자산 4형제

현금흐름표:
이익의 질을 보여주다

최신 사례로 배우는 재무분석

6장

1장

재무제표

숫자를 보기 전에

알아야 할 몇 가지

판단과 해석이 중요한
IFRS

삼성전자엔 있고 미국 애플엔 없는 것

삼성전자든 미국 애플이든 지속적인 성장을 위해서는 기술개발이 필수입니다. 언론 기사 등을 통해 두 회사 모두 기술개발을 위해 매년 천문학적인 금액을 투자한다는 소식을 접할 수 있습니다. 그런데 삼성전자 사업보고서의 재무상태표(balance sheet)에서 개발비를 찾아보면 무형자산(intangible asset)에 850억 원(2023년 사업보고서) 남짓으로 명기돼 있습니다. 850억 원이 적은 돈은 아니지만, 삼성전자 덩치를 생각하면 소박하다 볼 수 있죠. 심지어 애플의 재무상태표에는 개발비가 전혀 없습니다. 삼성전자는 연구 개발에 게으르고 애플은 아예 손을 놓은 것일까요? 일단 삼성전자 개발비가 생각보다 적은 것은 차차 설명하기로 하고, 우선 어째서 애플은 전혀 개발비가 없는지 차근차근 알아가 보겠습니다.

이를 이해하려면 우리나라와 미국의 회계 정책의 근본적 차이를 알아야 합니다. 현재 우리나라 상장사는 유럽의 국제회계기준(IFRS)에 따른 K-IFRS을 채택하고 있습니다. 큰 틀에서 IFRS를 따르고 일부 한국 상황에 맞춰 기준을 변형한 것입니다. 미국은 일반회계원칙(GAAP)을 쓰고 있습니다. 우리나라 비상장사는 K-GAAP을 쓰지만 개인투자자들이 관심을 가질 법한 기업들은 대부분 상장사란 점에서 우리나라는 IFRS를 쓴다고 생각하면 됩니다. IFRS와 GAAP의 가장 큰 차이는 기업의 자체 판단에 대한 허용 범위입니다. GAAP은 구체적이고 세세한 정량적 기준을 마련하고 그에 어긋나지 않도록 명확하게 작성 방법을 규정하고 있습니다. 때문에 형식과 기준에 맞춰 정확히 재무제표를 작성하는 것이 중요합니다. 반면 IFRS는 형식보다는 실질과 내용을 중시하고, 각 기업의 폭넓은 선택과 판단을 허용합니다.

감자를 한번 생각해보죠. 감자는 채소인가요? 우리나라에선 별 이견 없이 채소라고 할 것입니다. 대형마트에서도 당근, 양파 등과 함께 채소 코너에 진열돼 있습니다. 하지만 서구에서는 감자가 채소인지에 대한 논란이 일고 있습니다. 서구권 일반 시민의 채소 섭취량은 수치로 보면 충분합니다. 특히 미국은 채소 섭취량이 우리나라 못지않습니다. 그런데 왜 그렇게 비만 인구가 많을까요. 문제는 이들이 섭취하는 채소의 대부분이 감자라는 것입니다. 감자는 당분과 칼로리가 높은 데다 학교 급식을 통해 접하는 감자 요리는 대부분 감자튀김입니다. 형식상 채소지만 실질적으로는 건강에 도움을 주는 채소로서 역할을 전혀 하지 못하는 것이죠. '감자=채소'라는 인식 탓에 감자튀김을 먹으면서 채소를 충분히 섭취하고 있다는 잘못된 안도감이 건강을 망칠 수 있습니다. 감자를 채소에서 제외하고 식단에서 섬유질과 수분이 풍부한 진짜 채소 비중을 늘려야 한다는 목소리가 나오는 이유죠.

감자의 채소 여부 결정을 GAAP과 IFRS에게 맡긴다고 해볼까요. GAAP은 말씀드린 대로 형식 분류가 중요합니다. 섭취 방법이 어떠하든, 영양학적으로 어떻든 감자는 생물학적 분류상 하늘이 두 쪽 나도 채소입니다. IFRS라면 이야기가 달라집니다. 학부모, 영양사 등이 모여 급식에 나오는 감자를 채소로 분류할지 논의해 감자는 채소가 아니라고 결정할 수 있습니다. 또는 삶은 감자는 채소로 분류하되 감자튀김은 채소에서 제외하자고 할 수도 있습니다. 생물학적인 정의보다 실질을 중시하는 것입니다. 다만 그렇게 결정한 합리적인 근거와 이유를 명확히 밝혀야 합니다. 이것이 IFRS가 강조하는 'Principle based approach(원칙 기반 접근 방식)'입니다.

이제 삼성전자와 애플로 돌아가 보죠. 애플은 미국 상장사니까 GAAP을 따릅니다. GAAP은 '성공 가능성이 80%'는 돼야 연구개발에 쓴 돈을 무형자산으로 잡을 수 있도록 규정하고 있습니다. 80%는 기술개발에 성공해 상용화가 기정사실화된 단계입니다. 사실상 연구개발에 든 지출금액을 모두 손익계산서상 비용으로 처리하란 것이 GAAP의 지침입니다(지출(expenditure)의 비용(expense) 처리와 자산화(capitalized)에 대해선 3장에서 자세히 다루겠습니다. 지금은 IFRS에 따라 기업의 선택과 판단이 중요하다는 것을 유념해주시면 됩니다). 이에 비해 IFRS는 연구개발 지출을 원칙상 비용으로 처리해야 하지만 일부는 기업의 판단에 따라 자산화가 가능하도록 허용하고 있다. 삼성전자는 이에 따라 연구개발비 가운데 아주 일부를 자산으로 잡고 이를 재무상태표에 올려놓은 것입니다. 이처럼 GAAP과 IFRS의 차이를 모르고 무턱대고 삼성전자가 개발에 더 공을 들인다고 하면 아주 기초적인 이해가 결여된 것입니다.

삼성전자 개발비 무형자산

	산업재산권	개발비	회원권	영업권	기타	무형자산 및 영업권 합계
기초의 무형자산 및 영업권	4,278,750	85,018	253,554	6,014,422	9,586,010	20,217,754

㈜LG와 ㈜SK의 자회사 회계 처리 차이

같은 IFRS를 쓰더라도 실질에 따른 판단이 갈린 대표적 예는 지주회사인 ㈜LG와 ㈜SK의 자회사 구분 방법입니다. 우리나라 지주회사법에 따르면 지주회사는 상장 자회사 지분 30%를 보유해야 합니다. ㈜LG와 ㈜SK 모두 주요 계열사를 자회사로 두고 지분을 30% 이상 보유하고 있습니다. 그런데 ㈜LG는 해당 계열사를 대부분 관계기업으로 분류하는 것과 달리 ㈜SK는 많은 기업을 종속기업*으로 분류합니다. 관계기업은 모기업이 자회사에 영향력을 행사하고 있단 뜻이고, 종속기업은 모기업이 자회사를 완전히 지배하고 있단 의미입니다. 형식상 우호 지분을 모두 합쳐 지분율이 '50%+1

SK의 자회사 분류

SK이노베이션㈜ (주2)	대한민국	석유, 화학 및 자원개발	SK㈜	33.77%
SK텔레콤㈜ (주2)	대한민국	이동통신	SK㈜	30.01%

(주2) SK이노베이션㈜ 외 14개 기업에 대해 실질지배력을 보유하고 있습니다. 연결실체는 상기 기업에 대한 의결권이 과반수 미만이나, 연결실체가 다른 의결권 보유자나 의결권 보유자의 조직화된 집단보다 유의적으로 많은 의결권을 보유하고 있으며 다른 주주들이 널리 분산되어 있는 등의 이유로 실질지배력이 있는 것으로 판단하였습니다.

LG의 자회사 분류

(2) 당기말과 전기말 현재 당사의 관계기업투자 현황은 다음과 같습니다.

(단위: 백만원)

법인명	국가	주요영업활동	결산일	2022.12.31			2021.12.31		
				소유 지분율	보통주 지분율	장부가액	소유 지분율	보통주 지분율	장부가액
엘지전자㈜	대한민국	전자부품, 컴퓨터, 영상, 음향 및 통신장비 제조업 등	12월 31일	30.47%	33.67%	2,804,603	30.47%	33.67%	2,804,603
㈜엘지화학	대한민국	석유화학계 기초화학물질 제조업 등	12월 31일	30.00%	33.34%	1,621,178	30.00%	33.34%	1,621,178
㈜엘지생활건강	대한민국	치약, 비누 및 기타 세제 제조업 등	12월 31일	34.03%	141,608		34.03%	141,608	
㈜엘지유플러스	대한민국	무선통신업	12월 31일	37.66%	37.66%	1,252,052	37.66%	37.66%	1,252,052

* 종속기업은 모기업의 재무제표에 종속된 기업의 성과를 모두 포함해 '연결재무제표'로 작성해야 합니다. 관계기업은 모기업이 자회사의 지분율만큼만 자산과 부채를 반영하는 '지분법'으로 인식합니다.

주'라야 가능합니다. 그럼에도 ㈜SK가 자회사를 종속기업으로 분류하는 것은 실질적인 지배력을 가졌다고 판단했기 때문입니다. ㈜SK는 이에 대해 사업보고서상 자세히 설명하고 있습니다. 따라서 IFRS하에서는 문제가 없는 것입니다.

> ### TIP
>
> ## 회계 용어를 혼동해 생긴 비극, 옵티머스 사건
>
> 이 책은 재무제표 중요 계정과 기초 원리 설명 과정에서 일부 핵심 용어는 영어 표기를 병기합니다. 우리나라 회계는 일본식 한자를 그대로 차용한 탓에 단어만으로는 이해가 쉽지 않은 경우가 많습니다. 또 현재 많은 일본식 용어를 바꾸는 작업이 진행 중이기 때문에 영어 표기를 확실히 알아 두면 차후 용어가 변경돼도 헷갈릴 위험이 적습니다.
>
> 전혀 다른 계정인데 우리말 용어로는 비슷해 보이는 탓에 혼란을 부추기는 경우가 있습니다. 대표적인 예가 '옵티머스 사태'입니다. 안전한 공공기관의 매출채권을 금융상품화한 것에 투자하겠다며 수많은 투자자로부터 거액을 끌어모은 사모펀드 사기 사건입니다. 뒤에 더 자세히 소개하겠지만 매출채권은 재무상태표상 자산(asset)의 한 계정입니다. 영어로는 Account Receivable입니다. '매출채권'이라면 뭔지 잘 모를 수 있지만 영어표기인 Receivable이라고 하면 정확히는 몰라도 뭔가 '받을 돈'이라는 것을 어렴풋하게 짐작은 할 수 있습니다. 하지만 재무에 익숙하지 않

은 많은 일반 투자자들은 매출채권과 일반적인 채권(Bond)을 혼동했습니다. 일부 언론 기사들도 제목엔 매출채권이라고 표기해놓고 기사 본문에는 계속해서 '채권'으로 잘못 쓸 정도였습니다. 그 결과 해당 투자상품이 고금리를 주는 공공기관 채권으로 잘못 알고 너나없이 뛰어들었습니다. Receivable과 Bond는 전혀 다르지만 한글 표기 용어의 유사성 때문에 피해를 본 안타까운 경우입니다.

1-2

사업보고서 주인공은
주석

　㈜LG와 ㈜SK의 예에서 보듯 기업들마다 같은 상황이라도 각자의 판단이 다를 수 있습니다. 이는 곧 재무정보의 차이로 이어지고 분석의 어려움으로 이어집니다. 어떤 기업에 대한 분석을 제대로 하려면 재무제표 수치뿐 아니라 경쟁기업과 비교해 해당 회사의 판단이 다른 이유를 찾아서 비교분석 시 감안을 해야 합니다. 또 IFRS는 영원불변한 것이 아닙니다. 현실이 변화하면 그에 맞춰 IFRS도 바뀝니다. 새로운 회계 이슈가 나오면 이를 반영해 새로운 기준을 제시합니다. 어떤 회사의 실제 영업활동이나 재무상태는 바뀐 것이 없는데 단지 IFRS의 회계기준이 변경된 탓에 갑자기 부채 비율이 올라가거나 이익이 대폭 감소하는 등 착시가 발생할 수 있습니다. 이에 대해 기업은 주석을 통해 이유를 상세히 공개합니다. 만약 주석을

보지 않고 숫자만 보고 투자의사를 결정한다면 완전히 잘못된 선택을 할 수 있는 것입니다.

2019년 이마트 부채 비율이 높아진 이유

2019년 이마트를 보죠. 2018년 90%에 약간 못 미쳤던 이마트의 부채 비율은 2019년 106.7%로 급등합니다. 이마트에 뭔가 안 좋은 재무 이벤트가 있었던 것일까요? 이유는 2019년부터 회계 기준이 개정되면서 이전엔 없던 사용권자산과 리스부채가 새로 재무상태표의 자산과 부채에 반영됐기 때문입니다.

어떤 기업이 큰 부동산을 임대해 쓰는 경우를 생각해보죠. 보증금은 50억 원에 월 임대료는 1억 원씩 총 5년 계약을 했습니다. 보증금은 어차피 계약이 끝나면 돌려받으니 자산으로 처리하는 게 상식적입니다. 문제는 월 임대료입니다. 2019년 이전엔 임대료를 그대로 비용 처리했습니다. 연 12억 원이니 연간 손익계산서에서 그만큼을 비용으로 반영하면 됩니다. 하지만 회계 기준이 바뀌면서 건물을 사용하는 5년간 지급해야 할 임대료 60억 원을 재무상태표 자산에 '사용권자산' 계정으로 올리도록 했습니다. 계약 기간 동안 해당 부동산을 활용해 돈을 벌 수 있으니 자산으로 봐야 한다는 것입니다('자산'과 '부채'의 정확한 정의와 설명은 3장에서 자세히 설명하겠습니다). 그러니 60억 원의 자산(사용권자산)이 생긴 것과 동시에 그 금액만큼이 부채에 '리스부채'로 올라가버립니다. 어차피 5년간 건물주에게 줘야 할 금액이니 부채로 봐야 한다는 것입니다. 기업의 본업이나 재무 상태와는 상관없이 단지 회계 처리 기준이 바뀐 탓에 갑자기 60억원의 부채가 생긴 것입니다. 그러니 부채 비율은 오를 수밖에 없습니다. 2019년 이마트가 바로 딱 그런 경우였습니다.

이를 모른 채 수치만 확인한다면 잘못된 투자 의사 결정을 할 수 있습니다. 이 같은 회계기준 변경은 언론 기사를 통해서 접할 수 있지만 기업의 사업보고서 공시에서도 쉽게 찾아볼 수 있습니다.

본업에 특별한 이상이나 변동이 없는데 특정 계정의 금액 변동이 크거나, 전년과 다른 계정 과목이 생겼다면 꼭 주석을 찾아 그 이유를 확인해야 합니다.

다시 한번 강조하지만 중요한 기업의 정보는 '주석'에 담겨 있습니다. 기업이 사업보고서를 제공하는 이유는 이용자에게 쓸모 있는 정보를 제공하기 위해서입니다. 여기서 말하는 이용자는 채권자, 주주는 물론 예비 투자자도 포함됩니다. 이들에게 유용한 정보를 주는 것은 기업의 의무입니다. 같은 반도체 소재부품업체인데 어느 기업 주가는 하늘을 날고 어느 회사 주가는 지지부진하다면 어떤 이유 때문일까요? 가장 먼저 생각할 수 있는 이유는 각 업체가 생산한 제품을 납품하는 최종 거래 기업이 다르기 때문입니다. 삼성전자 반도체가 잘 팔린다면 삼성전자에 소재부품을 제공하는 하단의 업체도 실적이 증가할 것입니다. 반면 그렇지 않은 기업은 반도체가 호황이라도 소외될 것입니다. 주석에는 각 업체의 주요 거래 상대 기업이 누구인지도 자세히 나와 있습니다. 그 외에도 조선회사나 건설사처럼 수주가 중요한 회사는 주석에 수주 현황이 상세히 기재돼 있습니다. 신약 개발이 중요한 바이오제약회사의 주석에는 임상 단계별 신약 개발에 대한 정보가 담겨 있습니다.

이렇듯 주석은 기업이 투자자에게 줄 수 있는 최대의 정보를 담아놓은 보물창고라 할 수 있습니다. 특히 2023년 사업보고서부터는 주석의 상세 내역을 목차를 통해 한눈에 손쉽게 파악할 수 있도록 하고 있습니다. 이전엔 '주석'이란 하나의 범주로 분류한 탓에 정보 이용자가 일일이 방대한 내용을 찾는 수고를 들여야 했습니다. 이는 그만큼 금융당국이 주석의 중요성을 인지하고 이용자의 편의를 높이려 했기 때문입니다.

관심이 있는 기업에 투자하기 전 주석을 확인하는 것은 투자자의 기본자세라 할 수 있습니다. 앞으로 이 책에서도 주석을 찾아 이용하는 방법을 구체적인 사례와 함께 자세히 설명하겠습니다.

TIP

'삼바 사태'의 쟁점이 된 주석 공시

기본적으로 기업 활동에 중요한 결정은 주석을 통해 공시하도록 하고 있습니다. 만약 이를 어기면 금융당국으로부터 중대한 처벌을 피할 수 없습니다. 삼성바이오로직스 분식회계 논란에서도 주석에 주요 경영 사안을 공시하지 않은 것이 문제의 하나로 지적됐습니다. 2024년 2월 1심 판결에서 모두 무죄를 선고 받으면서 혐의를 벗었지만 어째서 문제가 되었는지 찬찬히 살펴보겠습니다. 의약품 위탁생산 기업인 삼성바이오로직스(이하 삼바)는 미국 바이오젠(이하 젠)과 합작해 바이오시밀러 개발사인 삼성바이오에피스(이하 에피스)를 자회사로 설립했습니다. 지분은 삼바가

90% 이상을, 젠은 10%가 채 되지 않았습니다. 삼바가 완전 지배하는 구조입니다. 때문에 삼바는 에피스를 종속회사로 보고 연결 회계처리를 했습니다. 하지만 2015년 12월 삼바는 에피스의 회계처리를 기존 종속기업에서 관계기업으로 변경합니다. 이제 더는 지배하지 않고 유의적 영향력만을 행사한다는 것입니다. 이렇게 판단을 바꾼 이유는 파트너인 젠과 '사실상' 지분이 50대 50이 됐다고 봤기 때문입니다. 알고 보니 젠은 원하면 언제든 에피스 지분을 50%까지 늘릴 수 있는 콜옵션 계약을 삼바와 맺었던 것입니다. 엄밀히 말하면 49.99%지만 이사회의 절반은 젠 측의 몫인데다 주요 경영 사안에 대해 반드시 젠의 동의를 받도록 했단 점에서 사실상 공동 경영과 다르지 않습니다. 만약 에피스가 바이오시밀러 개발에 성공해 기업가치가 올라가면 젠은 이 콜옵션을 행사할 것이고, 그렇게 되면 더는 삼바가 에피스를 지배한다고 볼 수 없죠. 실제 2015년 에피스의 바이오시밀러 개발 성공 가능성이 가시화됐습니다. 에피스를 종속기업에서 관계기업으로 바꾼 삼바의 판단 자체만 놓고 보면 문제가 있다고 보긴 힘들다는 게 법원의 판단입니다. 문제는 이렇게 중요한 경영상 결정인 콜옵션 부여를 왜 처음부터 알리지 않았느냐입니다. 삼바가 압도적인 지분율로 에피스를 지배한다면 에피스의 기업가치 증대는 고스란히 삼바의 몫이 됩니다. 삼바 투자 매력을 높이죠. 하지만 에피스가 맺은 결실을 다른 누군가와 나눠 가져야 하는 계약을 맺었다면 이야기는 완전히 달라집니다. 삼바는 이를 공시하지 않았고 결과적으로 투자자는 투자 결정에 참고할 중요한 정보를 얻지 못했습니다. 다만 1심 재판부는 삼바의 공시 불성실에 대해서도 무죄를 선고했습니다. 콜옵션은 젠의 실질적 권

리가 아니기 때문에 반드시 공시돼야 할 정보라고 볼 수 없다는 것이 그 이유였습니다. 앞으로 2심과 최종심까지 이어지는 재판 공방에서 이 문제가 어떻게 다뤄질지 지켜볼 대목입니다.

기업이 투자자에게 주는 선물, MD&A

주석과 함께 반드시 참조해야 할 것이 '이사의 경영진단 및 분석의견(Management's Discussion and Analysis of Financial Condition and Results of Operations – MD&A)'입니다. 경영진이 기업 및 산업에 대한 설명과 함께 앞날에 대한 전망까지 제시한 것입니다. 우리나라 상장사는 미국 등 주요 선진국 기업에 비해 이 부분이 다소 약한 것이 현실입니다. 하지만 관심 있는 기업의 수익모델이나 거래관계 등 투자 시 핵심적으로 고려할 요인을 한눈에 파악할 수 있는 정보를 가장 손쉽게 얻을 수 있는 공간입니다. 삼성전자가 사업보고서에 적은 MD&A를 한번 확인해보세요. 재무제표는 물론 각 부문별 실적과 그에 대한 상세한 설명이 적혀 있습니다. 또 신사업, 유동성 현황 등 해당 기업과 관련한 중요한 정보가 담겨 있습니다. 복잡한 숫자의 세계를 안내하는 친절한 가이드인 셈입니다. 사업보고서 보는 것이 익숙하지 않거나 자세한 설명이 필요하다면 MD&A부터 보면 큰 도움을 얻을 수 있습니다. 특히 미국 상장사들은 MD&A를 굉장히 자세히 상세하게 써놓습니다. 이는 그만큼 미국이 기업 공시에 엄격한 잣대를 적용하기 때문입니다. 혹시라도 중요한 내용을 누락한다거나 조금이라도 잘못된 내용을 기재했다가 엄청난 소송에 직면하는 곳이 바로 미국이죠. 한국 투자자들도 미국 기업에 대한 관심이 높아지고 있습니다. 우리나라 재무제표 지침인 IFRS와 미국의 GAAP 차이, 익숙하지 않은 영어 용어 등으로 사업보고서를 보는 데 어려움이 있을 수밖에 없습니다. 이럴 땐 MD&A부터 천천히 살펴보는 것이 가장 확실한 길이라고 말씀드릴 수 있습니다.

주석과 MD&A를 잘 살펴보면 해당 기업이나 업종에 대한 선입견이나 편견으로 인한 잘못된 투자 의사결정을 예방할 수 있습니다. 너무 당연한 얘기겠지만 투자는 사실에 근거해야 합니다. 적지 않은 기업들이 대중적 이미지나 선입견과 다른 본업을 영위합니다. 당연히 실적을 좌우하고 주가를 움직이는 변수는 대중 인식과는 완전히 다를 수 있습니다.

롯데그룹은 우리나라 굴지의 대기업입니다. 다양한 사업 부문을 갖고 있죠. 그렇다면 어떤 산업이 롯데그룹의 핵심일까요? '롯데'하면 떠오르는 게 일단 백화점입니다. 유통산업이죠. 그다음 호텔이나 음료·주류 부문도 일반인에게 친숙한 롯데그룹을 대표하는 사업 부문들입니다. 2023년 기준으로 롯데그룹의 총자산과 매출에서 각 부문의 비중을 한번 보죠. 유통이 단연 가장 큰 몫을 차지합니다. 그런데 유통 못지않게 중요한 게 화학입니다. 롯데그룹을 친숙하게 한

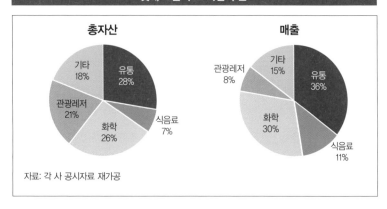

롯데 그룹 주요 사업 부문

총자산
- 유통 28%
- 식음료 7%
- 화학 26%
- 관광레저 21%
- 기타 18%

매출
- 유통 36%
- 식음료 11%
- 화학 30%
- 관광레저 8%
- 기타 15%

자료: 각 사 공시자료 재가공

호텔(관광레저)이나 식음료 비중은 화학에 비하면 작습니다. 그래서 롯데그룹의 향방을 예견하거나 경제 변수가 롯데그룹에 어떤 영향을 미칠지 분석하려면 화학 부문을 염두에 둬야 합니다. 실제 2024년 하반기 롯데그룹 위기설의 근원은 바로 화학부문이었습니다.

호텔신라에게 중요한 건 호텔이 아니다

기업 단위로 들어가 보겠습니다. 호텔신라는 이름에 호텔이 들어가지만 실제 호텔신라의 실적을 좌우하는 건 면세점 사업입니다. 2023년 호텔신라 사업보고서를 보면 면세점 사업을 가리키는 TR부문의 매출 비중이 전체의 82.9%에 달합니다. 전년엔 88%로 더 높았습니다. 이에 비해 호텔과 레저 부문은 19.1%에 그칩니다. 2022년엔 13.3%에 불과했습니다.

그렇다면 면세점 사업에서 가장 중요한 건 무엇일까요? 당연히 국내외 관광객이 얼마나 많이 면세점에서 물건을 사느냐입니다. 특히 중국인 관광객이 중요하죠. 관광객 증감은 경기에 좌우됩니다. 중국과 외교관계도 중요하죠. 기업 입장에서 판촉 등 노력을 한다고 해서 확 늘릴 수 있는 게 아닙니다. 외부에서 주어지는 변수인 셈입니다. 이에 비해 비용 절감은 기업의 의지와 노력에 따라 어느 정도 가능합니다. 앞으로 더 자세히 설명하겠지만, 이 때문에 재무 분석은 매출 전망보다 비용 분석이 더 중요합니다. 면세점 업체의 가장 큰 비용은 임차료입니다. 호텔신라의 2023년 순이익은 860억입니다. 임차료 비용은 4,700억에 달합니다. 임차료 비용을 1%만 아

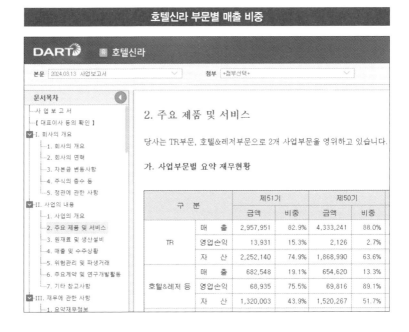

호텔신라 부문별 매출 비중

낄 수 있어도 손익에 적지 않은 플러스 효과를 줄 수 있습니다. 면세점은 공항의 대규모 면적을 임대해 사업을 합니다. 당연히 이 비용이 제일 중요합니다. 공항 임차료는 공항과 협상에 달려 있습니다. 실제 국내 주요 면세점 업체들은 중국의 사드(THAAD) 보복 등으로 매출이 급감하자 2017년부터 임차료 인하를 놓고 인천공항 측과 협상을 벌여 임차료를 낮추는데 성공했습니다. 요약하면, 호텔신라는 호텔이 아닌 면세점 업체라는 것. 그리고 그 면세점의 수익성을 좌우하는 핵심은 임차료 협상이란 것을 염두에 두고 관련 언론 기사나 공시를 잘 살펴보는 것이 올바른 투자 의사 결정의 핵심이라 할 수 있습니다. 이와 같은 내용은 사업보고서에 모두 담겨 있습니다. 특히 주석을 통해 상세히 파악할 수 있습니다. 주석이 중요한 이유입니다.

코로나19로 공연 못 여는데 실적은 웃은 엔터 업종

그런가 하면 실제 기업의 실적을 좌우하는 요인이 일반적인 인식이나 선입견과 큰 차이를 보이는 대표적 업종이 엔터테인먼트입니다. 언론 기사를 통해 아이돌 그룹이 대형 공연장을 꽉 채워 몇 차례 공연을 했다는 소식을 많이 접합니다. 몇만 명의 팬이 운집했다는 기사 제목과 생생한 현장 사진·영상은 엄청난 인기를 보여주는 가장 확실한 수단입니다. 저 많은 사람들이 돈 주고 산 입장권을 생각하면 엔터회사는 떼돈을 벌었을 것 같습니다. 그러니 코로나19가 확산되던 2020년 상반기 엔터사 주가가 하락합니다. 공연을 전혀 하지 못하게 되니 실적이 악화될 것을 우려한 것이죠. 하지만 코로나19 시기 주요 엔터사들은 매출 측면에선 다소 타격이 있었지만 순이익이 줄어들진 않았습니다. 오히려 늘었습니다.

JYP를 볼까요. 2019년 매출액은 1,550억, 영업이익은 43억이었습니다. 코로나19가 터진 2020년 매출은 1,440억으로 조금 줄었지만 영업이익은 44억으로 큰 변동이 없었습니다. 그러다 2021년엔 매출은 1,939억 원, 영업이익은 58억 원으로 늘었고, 2022년은 각각 3,459억 원, 97억 원으로 껑충 뛰었습니다. 여전히 공연장은 문을 닫았기 때문에 콘서트를 열 수 없는 상황이었습니다. 그런데 어떻게 이런 결과가 나올 수 있었을까요. 일단 공연이 전체 매출에서 차지하는 비중 자체가 그리 크지 않습니다. 코로나19 직전인 2019년 JYP의 전체 매출에서 공연은 13%가량을 담당할 뿐입니다. 코로나19에서 완전히 벗어나 다시 대형 콘서트를 열게 된 2023년에도 비중은 11% 남짓입니다. 게다가 공연을 열면 비용이 상당히 많이 들어갑니다. 대형 공연장 임차료에 무대 장비 설치 등에 적지 않은 돈을 쏟아부어야 합니다. 연예인과 공연 수익배분 비율, 즉 공연으로 발생한 매출에서 연예인에 떼어 줘야 할 몫도 상당합니다. 그러니 아무리 매출이 크더라도 여기저기 떼어주고 나면 실제 남는 건 별로 없는 장사인 것입니다. 이를 조금 재무적으로 표현하면 '탑라인(Top line-매출) 성장에는 도움이 되지만 바텀라인(Bottom line-순이익)엔 별 영향이 없다'고 할 수 있습니다(손익계산서를 보면 맨 윗줄에 매출이 있고 맨 아래에 순이익이 있기 때문에 각각을 탑라인, 바텀라인으로 표현합니다). 때문에 콘서트는 순이익을 남길 목적으로 한다기보다는 팬덤을 유지하고 음반과 연예인을 홍보하는 수단으로는 기능한다고 보는 게 맞습니다.

이에 비해 음반/음원 매출은 전체의 40~50%를 좌우합니다. 2000년대 MP3 등장으로 음원이 보급되면서 음반(CD)은 거의 사장 됐습니다. 하지만 포토카드 등 새로운 아이템이 등장하자 다시 각광을 받고 있습니다. 실제 음악을 듣기 위해 CD를 구매하는 것이 아니라 팬심(心)으로 돈을 쓰는 것이죠. CD나 포토카드는 제작에 큰 비용이 들어가지 않습니다. 연예인과 수익배분 비율 역시 콘서트에 비해 회사에 훨씬 유리한 것으로 알려져 있습니다. 이는 음원 판매도 마찬가지입니다. 그러니 회사 입장에서 CD나 음원이 실적의 핵심인 것입니다. 게다가 코로나19 시기 사회적 거리두기로 집에 머무는 시간이 많아지자 콘서트 등에서 연예인을 직접 만날 수 없게 된 팬들은 음반을 사거나 음원을 들으며 마음을 달랬습니다. 그 결과 오히려 코로나19 시기를 겪으며 엔터사들의 실적은 좋아졌습니다.

또 하나 엔터사 실적에 대한 대중의 대표적 오해가 중국 의존도입니다. 중국의 엄청난 인구와 젊은 층의 거침없는 대중문화 씀씀이를 보면 그럴 만도 합니다. 중국의 한한령(限韓令-한국 문화 유입과 소비를 막는 중국 당국의 지침)이 강타한 2017년에는 엔터사들의 주가가 부침을 겪었습니다. 하지만 이 역시 실제 엔터사 사업내용을 뜯어보면 잘못이란 것을 알 수 있습니다. 엔터사마다 지역별 매출을 공시하지만 구체적인 국가를 특정하지 않기 때문에 공시만으로는 정확한 비중을 알 순 없습니다. 하지만 나라별 중요도에 대한 대략적인 추정은 가능합니다. JYP의 일본 종속회사 매출과 순이익은 2023년 1020억, 103억에 달합니다. 이에 비해 중국 종속회사들의 매출은 다 합쳐야 100억이 채 되지 않습니다. 게다가 순손실을 보고 있습니다. 하이브의 2023년 지역별 매출을 보면 국내가 36.2%로 가장 많고 이어 아시아(34.2%), 북미(25.3%)입니다. 아시아로 합계해 공시했지만 글로벌 음악 사업 규모를 감안하면 대부분이 일본일 것으로 추정됩니다.

거듭 말씀드리지만 투자는 정확한 정보와 근거에 의해 이뤄져야 합니다. 뜬소문, 감(感)에 의존한 투자라면 굳이 재무 분석을 할 필요도 없을 것입니다. 기업이 발표하는 사업보고서 내용을 잘 뜯어봐야 하는 이유입니다.

2장

돈의 흐름으로 읽는

재무제표 기본 원리

1장을 통해 재무 분석을 제대로 하기 위한 기본 전제를 말씀드렸습니다. 이제부터는 실전 재무 분석의 기초를 위한 정확한 개념과 회계 원칙을 설명하겠습니다. 재무제표(financial statement)는 크게 재무상태표(balance sheet)*와 손익계산서(income statement)**, 현금흐름표(cash flow statement), 자본변동표(statement of change in stockholder's equity) 등 총 4개로 구성돼 있습니다. 이 가운데 자본변동표는 지배구조가 안정적인 기업이라면 별다른 변화가 없고 재무 분석의 도구로는 별 역할을 하지 않기 때문에 이 책에선 다루지 않습니다.

* 재무상태표(statement of financial position)는 과거 일본식 용어인 대차대조표(Balance sheet)를 대체한 용어입니다. 다만 분석을 위해서는 'Balance'에 대한 이해가 중요하기 때문에 이 책에서 재무상태표의 영문 표기는 Balance sheet을 사용합니다.

** 일부 유럽기업의 경우 P&L(profit & loss statement)로 표기하기도 합니다. IFRS는 포괄이익을 총괄한 포괄손익계산서도 기재하도록 하고 있지만 이 책이 다루는 기초적인 재무원리에서 기본 손익계산서와 포괄손익계산서를 나누는 것은 무의미하기 때문에 둘을 구분하지 않겠습니다.

돈이 도는
재무제표 기본 원리

재무상태표는 크게 자산(asset)과 부채(liability), 자본(equity)으로 구성돼 있습니다. 용어가 낯설지 몰라도 상식적인 경제활동과 크게 다르지 않습니다.

운동화 하나를 만드는 과정을 생각해보죠. 철수는 자기 돈 500억 원과 은행 대출 500억 원을 밑천으로 모두 1,000억 원을 갖고 운동화를 만들어 팔 생각입니다. 여기까지가 자금조달(financing) 단계입니다. 재무상태표의 모양은 아래와 같습니다. 은행 대출 500억 원은 부채(=타인자본), 철수 돈 500억 원은 자본(=자기자본)입니다. 철수는 이 회사의 주인입니다.

기본자금흐름 1

재무상태표(BS)		손익계산서(IS)
자산(asset)	**부채**(liability)	
현금 1000	500	영향없음
	자본(equity)	
	500	

1. 철수 돈 500억원과 은행 대출 500억원으로 현금 1000억원 조성

기본자금흐름 2

재무상태표(BS)		손익계산서(IS)
자산(asset)	**부채**(liability)	
~~현금~~ ~~1000~~	500	
재고 1000		영향없음
	자본(equity)	
	500	

1. 원자재 1000억원 구입으로 현금 1000억원 삭제되고 재고 1000억원 인식

이제 이 돈을 갖고 운동화를 만들 원자재를 1,000억 원어치 샀습니다. 재무상태표 자산에 현금 1,000억 원은 재고자산으로 바뀌게 됩니다. 이것이 투자(investing) 단계입니다.

재무상태표(BS)		손익계산서(IS)	
자산(asset)	**부채**(liability)		
매출채권 1500	500	매출 1500	
재고 1000		비용 1000	
	자본(equity)		
	500		
	잉여금 500	순이익 500	

1. 운동화 판매로 손익계산서에 매출 1500억원 발생.
   판매 대금 차후 지급 받을 예정이므로 현금 1500억원이 아닌 매출채권 1500억원 인식
2. 재무상태표에서 원자재(재고) 삭제되고, 그 금액만큼 손익계산서에 원가(비용)으로 인식
3. 손익계산서에 순이익 500억원 발생하고 그만큼 재무상태표 자본의 이익잉여금 증가

재무상태표(BS)		손익계산서(IS)
자산(asset)	**부채**(liability)	
현금 1500	500	영향없음
매출채권 1500		
	자본(equity)	
	500	
	500	

1. 약속대로 1500억원 입금되면 매출채권 1500억원 지우고 현금 1500억원 인식

이 원자재로 열심히 운동화를 만들어 팝니다. 영업(혹은 운영 – operating)입니다. 철수는 만든 운동화를 모두 팔아서 모두 1,500억

원의 매출을 올렸습니다. 앞선 자금조달과 투자 활동 단계는 재무상
태표에서 이뤄졌습니다. 그런데 1,500억 원을 팔아서 번 돈은 손익
계산서의 매출(sales)로 잡힙니다. 재무상태표와 손익계산서의 첫 연
결고리가 생기는 것입니다. 다만 일반적으로 기업 간 거래는 물건을
사고팔 때 그 즉시 현금 뭉치를 주고받지 않습니다. 따라서 철수는
거래 상대방이 돈을 주겠다고 한 약속을 믿고 매출 1,500억 원에
해당하는 금액을 현금이 아닌 매출채권으로 기록합니다. 이어 운동
화를 만들고 그것을 파는데 들어간 비용 1,000억 원을 빼주면 순수
익(net income) 500억 원이 남게 됩니다. 이 500억 원은 회사의 주
인인 철수가 열심히 일해서 번 자기 돈입니다. 이 돈은 재무상태표
자본의 이익잉여금(retained earning)으로 들어옵니다. 그만큼 자산
도 늘어나게 됩니다. 재무상태표와 손익계산서 간 두 번째 연결고리
인 셈입니다.

모든 과정이 마무리되고 철수네 운동화를 구매해 간 거래처에서
약속대로 1,500억 원을 송금했다면 재무상태표의 매출채권은 현금
으로 바뀝니다. 그렇게 하나의 영업활동 사이클이 종료됩니다.
이렇듯 재무상태표와 손익계산서는 한 몸으로 연결돼 있습니다.
재무상태표 오른쪽의 부채와 자본은 이 기업의 자금조달과 재무
구조를 보여줍니다(financing). 그 돈이 왼쪽의 자산으로 모여 투자
가 이뤄지고 공장을 돌리고 제품을 만드는 영업 활동을 벌입니다
(investing & operating). 그렇게 물건을 만들어 팔면 손익계산서상 매

출로 이어지고 비용을 하나씩 빼내면서 최종적으로 영업의 결과인 순이익으로 남습니다(operating result). 그리고 순이익은 다시 재무상태표상 기업의 주인인 주주 몫의 이익잉여금으로 흘러들어갑니다. 이 돈은 배당에 쓰이거나 다시 자산으로 옮겨져 투자와 영업 활동에 활용됩니다.

이 책의 재무제표 설명 및 분석은 일반 제조업을 기본으로 합니다. 원재료를 사와서 공장에서 생산한 뒤 시장에서 판매해 매출을 올리는 기업을 대상으로 한다는 것입니다. 제조업은 여전히 전체 산업의 절대적인 비중을 차지하고 있습니다. 무엇보다 회계의 원리와 개념을 만든 근간은 제조업입니다. 회계의 뿌리인 제조업의 회계 원리와 기본 개념을 명확히 이해하면 이를 응용·활용해 대규모 계약을 맺은 뒤 생산에 나서는 조선업·건설업 같은 수주산업, 매출의 개념이 없는 금융업, 직영매장이나 수수료 매장이냐에 따라 매출이 총매출과 순매출로 갈리는 유통업 등 다양한 업종의 재무제표도 응용해 쉽게 이해할 수 있습니다.

항등식,
1원 한 푼도 빼놓지 않는
꼼꼼한 기록원

앞선 운동화 공장의 예를 통해 돈의 흐름으로 재무상태표와 손익계산서를 따라가다 보면 자연스럽게 한 가지 법칙을 발견할 수 있습니다. 바로 '자산=부채+자본'입니다. 앞으로 돈을 벌어다 줄 자산이 남의 돈인 부채와 내 돈인 자산으로부터 어떻게 조성돼 있는지 알 수 있죠. 또 자산에서 부채를 제하면 자본, 즉 내 몫이 얼마인지가 나옵니다. 자본을 때론 순자산(net asset)이라고 부르는 이유입니다. 순(net)은 더하고 빼고를 모두 하고 난 나머지(잔여-residual)라는 개념입니다. 위의 운동화 공장 예로 돌아가보겠습니다.

처음 사업을 시작할 때 1,000억 원이란 자산은 500억 원의 부채와 500억 원의 자본으로 조성됐습니다. 이후 공장을 열심히 돌려 물건을 잘 내다 판 덕분에 500억 원의 순이익이 남았습니다. 이 돈은 재무상태표의 자본으로 가 꽂히고 동시에 투자 재원이 될 자산의 현금 증가로 이어졌습니다. 그런데 만약 이듬해 똑같이 1,000억 원어치를 팔았는데 총비용이 1,100억 원이 됐다고 해보죠. 그러면 순이익은 마이너스 100억 원이 됩니다. 적자입니다. 재무상태표상 자본은 100억 원만큼 감소하고 동시에 자산의 현금도 100억 원이 줄어듭니다. 만약 이렇게 계속해서 적자가 나게 되면 그간 벌어서 쌓아둔 이익잉여금은 고갈될 것입니다. 그것이 바로 자본잠식입니다.

이상의 설명을 종합하면 재무제표를 보는 가장 기본적인 순서는 아래와 같습니다. 먼저 자기자본에서 시작해 타인자본인 부채는 얼마나 갖다 썼는지 봅니다. 자산으로 넘어와 어디에 어떻게 투자가 되었으며 그 투자된 자산들이 얼마나 매출을 올리는지 손익계산서로 넘어갑니다. 차례로 비용을 제하며 수익성(=이익률)을 확인합니다. 이제 이 순서대로 하나씩 차례로 살펴보겠습니다.

> ## TIP
>
> ### 장부가치 vs 공정가치 vs 내재가치 vs 시장가치
>
> 재무 분석의 대상이 되는 회계 장부(book)는 숫자의 세계입니다. 사람에 따라 다르게 볼 수 있는 불분명한 실제 가치와는 다르게 숫자가 명확

해야 합니다. 때문에 장부상 가치(book value)는 원가 기반(cost basis)으로 작성합니다.

운동화 하나를 만드는 데 1만원이 들고 거기에 나이키 로고를 붙이는 데 1,000원이 들었다고 하죠. 세상에 1만 1,000원짜리 나이키 운동화는 없습니다. 하지만 그렇게 만들어서 쌓아놓은 재고는 완제품 명목으로 재무상태표에 1만 1,000원으로 명시됩니다. 투자 및 영업활동으로 창출되는 가치는 그렇다면 언제 장부에 반영될까요? 실제 완제품이 판매될 때 받는 판매가격과 바로 이 원가 간 차이가 부가가치입니다. 이 운동화가 실제로 10만 원에 팔렸다면 손익계산서에 10만 원은 매출, 1만 1,000원은 비용(매출원가)으로 잡힙니다. 그러면 8만 9,000원의 이익을 보게 됩니다.

참고로 언론 기사 등을 통해 접하는 공정가치(fair value)는 나름의 추정 근거를 통해 제3자가 평가한 가치입니다. 쉽게 말해 회계법인이나 컨설팅업체들이 하는 것이죠. 시장가치(market value)는 말 그대로 이 제품이 시장에서 얼마에 팔리는지를 보는 것입니다. 내재가치(intrinsic value)는 내가 나름의 잣대로 추정해보는 것입니다. 물론 엄격한 학술적 정의와는 차이가 있지만 중요한 건 평가의 주체가 누구냐 하는 것입니다.

예를 들어 어떤 기업이 M&A 매물로 나왔다고 해보죠. 재무상태표상 30억 원짜리입니다. 장부가치가 30억 원이란 뜻이죠. 그런데 내가 보기에 그 기업의 가치가 100억 원은 될 것 같습니다. 이게 내재가치입니다. 그런데 회계법인이 실사해보니 대략 50억 원으로 평가했습니다. 이건 공정가치죠. 이제 팔겠다는 측과 가격 협상을 합니다. 시장에선 대략 70억 원이면 적당하지 않을까 하는 분위기가 형성됐습니다. 이 말은 시장가치가 70

억 원이란 것이죠.

그렇다면 회계법인은 사지 말라고 할 것입니다. 50억 원짜리를 70억 원에 살 필요는 없으니까요. 하지만 나는 100억 원이라고 생각하고 있습니다. 100억 원짜리를 70억 원에 살 수 있는 셈이니 M&A에 응할 것입니다.

TIP

현대차는 왜 개별 재무제표를 봐야할까

앞으로 볼 기업들의 재무제표는 별도의 언급이 없으면 '연결재무제표'를 기본으로 합니다. 연결재무제표는 종속기업들의 재무상태까지 그대로 얹어 한꺼번에 보여주는 것입니다. 종속기업은 대부분 본업과 직간접적으로 연결된 경우가 많습니다. 또 해외법인들도 많습니다. 해외에 지은 공장, 해외에 물건을 팔기 위해 세운 영업법인 등입니다. 때문에 대기업의 재무적 성과와 분석을 제대로 하려면 연결재무제표가 적합합니다. 하지만 연결재무제표가 오히려 기업 분석에 어려움을 주는 경우도 있습니다. 특히 우리나라는 경영상 필요보다는 지배력 유지 등을 위해 본업과 관련성이 낮은 기업을 종속기업으로 두는 경우가 왕왕 있습니다. 현대차는 연결보다는 개별로 봐야 합니다. 현대차는 종속기업으로 현대캐피탈과 현대카드를 두고 있습니다. 본업인 자동차 제조업 외 금융업이 연결재무제표에 따라 붙으면서 굉장히 복잡한 계정과목들이 산재해 있습니다. 현대차 스스로 '사업의 내용'을 공시하면서 본업인 제조서비스업과 금융업을 구분해 밝히고 있습니다. 따라서 현대차의 본업 경쟁력과 앞날을 분석·예측하고자 한다면 종속기업은 포함되지 않은 개별 재무제표(사업보고서상으로는 '재무제표'로 표기됨)를 보는 것이 합리적입니다.

그런가 하면 종속회사는 아니더라도 모기업의 실적과 재무에 큰 영향을 미치는 관계회사가 본업과 동떨어진 경우가 종종 있어 투자 분석을 할 때 주의해야 하는 경우가 있습니다. 게임회사 넷마블이 대표적입니다. 넷마블은 2020년 코웨이 지분을 인수한 뒤 관계회사로 분류하고 있습니다. 정수기 렌탈로 유명한 그 코웨이 맞습니다. 또 엔터회사인 하이브 지분도 12.08%나 갖고 있습니다. 코웨이와 하이브 모두 상당한 규모의 기업이기 때문에 두 기업의 실적이 넷마블 재무에 미치는 영향은 무시할 수 없습니다.

3장

재무제표
다시 쓰기

재무상태표와 손익계산서는 기업의 재무 정보를 의미 있게 전달하는 수단입니다. 재무상태표와 손익계산서엔 기업의 과거와 현재가 고스란히 담겨 있습니다. 이를 토대로 투자의 관건인 미래까지 점쳐볼 수 있습니다. 그래서 재무제표 분석이 중요한 것입니다. 하지만 그 중요도에 비해 재무상태표와 손익계산서의 정확한 구성 원리와 각 계정과목에 대한 이해는 부족한 경우가 대부분입니다. 단순 비율 계산, 수치 증감 등 눈으로 보이는 재무 정보를 살펴보는 것을 재무 분석이라고 착각하기도 합니다. 누구나 보이는 것 그대로는 이야기할 수 있습니다. 분석이란 그 이상을 요구하는 것입니다. 심지어 회계적 용어를 일상에서 사용하는 표현과 혼동한 탓에 잘못된 의사결정에 이를 수도 있습니다.

　우선주(preferred stock)는 부채일까요, 자본일까요? 너무 쉬운 걸 여쭤봤습니다. 당연히 자본입니다. 주식(stock)이니까요. 그렇다면 상환전환우선주(RCPS)는 부채일까요, 자산일까요? 답은, 자본일 수도 있고 부채일 수도 있습니다. 우선주의 한 종류인데 왜 당연히 무조건 자산이 아니라 부채가 될 수도 있단 것인지 의아하시죠. 반대로 채권은 당연히 부채입니다. 그런데 만기가 30년이고 발행한 기업이 만기를 연장할 수 있는 영구채(perpetual bond)는 떡하니 자본에 가 있습니다. 왜 그럴까요? 1장에서 말씀드린 대로 IFRS는 재무 활동의 실질과 기업의 자율적인 판단을 중시합니다. 표면적으로 보이는 용어나 회계 계정이 같더라도 기업마다 또 상황에 따라 다를 수 있습니다. 때문에 기업이 제공하는 재무 정보의 토대가 되는 기초 구성원리와 개념에 대한 정확한 이해가 부족하면 제대로 된 분석을 할 수가 없습니다. 상환전환우선주가 우선주임에도 부채가 될 수 있는 이유, 채권인 영구채가 자본으로 분류되는 것 모두 우리나라 상장사들이 IFRS를 따르기 때문입니다. 이에 대해선 곧 자세히 본문에서 설명하겠습니다. 명심하셔야 할 것은, 기계적인 분류와 맹목적인 암기로는 결코 올바른 분석을 할 수 없다는 점입니다.

이제부터는 주요 회계 계정 과목들의 정확한 의미와 많은 계정 과목 가운데 투자자들이 관심을 갖고 분석의 대상으로 봐야할 것들은 무엇인지 알아보겠습니다.

재무상태표
톺아보기

재무상태표는 크게 자산과 부채, 자본으로 구성돼 있습니다. 웬만큼 큰 기업의 재무상태표를 열어보면 자산과 부채, 자본에 계정들이 빼곡합니다. 어디서부터 봐야 할지 엄두가 나지 않을 정도입니다. 재무상태표와 손익계산서가 어려운 가장 큰 이유는 만들어진 목적이 주식투자자를 위한 것이 아니기 때문입니다. 재무제표는 제3자에게 유의미한 정보를 제공하기 위해 만들어진 것이라고 말씀드렸습니다. 여기서 말하는 제3자 가운데 가장 중요한 건 채권자나 대출을 해준 은행입니다. 이들에겐 정해진 이자와 원금을 기간에 맞춰 받을 법적 권한이 있기 때문입니다. 그렇다면 채권자나 은행에게 가장 중요한 건 뭘까요? 돈을 빌려간 회사가 제때 이자와 원금을 지급하고 최종 원금 상환 때까지 망하지 않는 것입니다. 때문에 채권자 입장에서 가장 중요한 분석 포인트는 기업의 유동성입니다. 재무상태표 자산과 부채가 유동성에 따라 유동자산-유동부채, 비유동자산-비유동부채로 나뉜 이유입니다. 안정적으로 제때 돈을 지급할 능력이 있는지, 돈이 부족해 망할 염려는 없는지 보여주는 것입니다. 보통 1년 이내 현금화가 가능하거나 만기가 돌아오면 유동, 기간이 그 이상이면 비유동으로 나눕니다.

이에 비해 주식투자자, 즉 주주라면 그 기업이 얼마나 경쟁력 있는 제품을 만들어 내고 있는지, 벌어들인 돈을 잘 활용해서 계속해서 커나갈 발판을 만들고 있는지, 같은 제품이라도 남들보다 더 이익을 많이 남기는지 등 성장성과 수익성 등도 매우 중요합니다. 그런데 이런 정보는 재무제표를 주어진 대로만 보면 당연히 보이지 않습니다. 채권자와 주주는 봐야하는 포인트가 다르니까요. 주식투자자 입장에서 기업의 재무제표를 제대로 분석하려면 각 계정의 중요도와 성격에 따라 스스로 재무정보를 새로 구성해야 합니다. 덜컥 겁이 나시나요? 그 많은 계정을 이해하기도 힘든데 재구성까지 하라니 말이죠. 하지만 그 많은 계정과 항목들을 일일이 들여다볼 필요는 없습니다. 업종마다 천차만별이며 같은 업종이라도 기업마다 조금씩 용어가 다른 경우도 많습니다. 투자자에게 중요한 핵심 계정이 뭔지, 그 계정들이 의미하는 것은 무엇인지 정확히 알아본 뒤 하나씩 이해해 나가면 됩니다.

이제부터 자산, 부채, 자본의 회계적 개념을 명확히 하는 것을 시작으로, 궁극적 목적인 분석을 위한 기초 이해를 시작하겠습니다.

자본 : 회사의 주인(주주)이 넣어둔 돈 + 회사가 벌어서 쌓아둔 돈

무상증자와 유상증자, 시장은 공짜(=무상)엔 관심 없다

자본은 너무 어렵게 생각하지 않아도 됩니다. 개념 자체가 어렵지 않고 재무 분석의 핵심이 되는 경우가 극히 드물기 때문입니다. 물론 가끔 자본 계정 가운데 일부가 이슈가 되는 경우가 있지만, 이는 기초 회계를 넘어선 수준입니다. 일단 이 책이 지향하는 기본 원리, 기초 개념을 완벽히 이해한 뒤 추가로 배워나가도 늦지 않습니다.

자본은 크게 회사의 주인인 '주주가 넣어둔 돈'인 자본잉여금(capital surplus)과 회사가 영업활동으로 '벌어서 쌓아둔' 이익잉여금(retained earing)으로 분류합니다. 중요한 건 이익잉여금입니다. 회사가 그간 얼마나 돈을 잘 벌어서 잘 쌓아왔는지를 보여주는 성장판과 같습니다. 이익잉여금은 배당이나 자사주 매입의 재원이 됩니다. 그래도 남은 돈은 기업의 영속성을 위한 계속적인 투자와 영업활동에 쓰이게 됩니다.

증자를 언론 기사 등을 통해 들어보셨을 것입니다. 증자는 말 그대로 자본을 늘리는 것입니다. 엄밀히 말하면 유상증자가 그렇고 무상증자는 자본이 증가하지 않습니다. 무상증자는 이익잉여금의 일부를 기존 주주에게 지분에 비례한 만큼 주식으로 나눠주는 것입니다. 자본의 큰 두 분류 가운데 이익잉여금은 감소하고 자본금은 증가하기 때문에 전체 자본의 총액은 변함이 없습니다. 무상증자는 기존 주주라면 반길 일입니다. 하지만 회계적으로 보면, 돈이 담겨 있는 바구니만 바뀐 것이라 분석 목적상 크게 중요하지 않습니다. 일반적으로 증자라고 하면 유상증자를 의미합니다. 유상증자는 새로 주식을 발행해 자본금을 늘리는 것입니다. 회사의 주인(=주주)이 더 늘어나는 것입니다.

앞선 운동화 제조 기업의 예에서, 주주인 철수가 공장을 더 짓기 위해 영희에게 투자를 받으면서 영희를 동업자로 참여시켰다면 영희라는 새로운 주주가 생기고 영희의 투자금 만큼 자본이 증가합니다. 이 돈으로 이 운동화 기업은 공장을 더 짓고 더 많이 생산해 이익을 더 많이 낼 기회를 갖게 됩니다. 혹은 미처 갚지 못한 은행 빚을 상환하는데 영희의 투자금을 쓸 수도 있습니다. 이처럼 유상증자는 기업이 대규모 투자를 필요로 하거나 빚에 허덕일 때 해결책으로 쓸 수 있는 중요한 자금조달 수단입니다. 무상증자보다 훨씬 자주 발생하며 재무 분석 목적으로도 중요하기 때문에 일반적으로 증자라고 하면 유상증자를 의미합니다.

유상증자는 기존 주주를 상대로 신주를 발행하는 구주매출과 외부인에게 새 주식을 파는 신주매출로 나뉩니다. 영희의 예는 신주매출로, 보통 신주매출이 더 흔합니다. 돈을 받고 새 주식을 늘린 것이기 때문에 주식 발행액만큼 자본이 늘고 자산의 현금도 증가합니다. 그런데 보통 유상증자는 주가 측면에서는 악재로 여겨집니다. 기존 주주 입장에선 번 돈(이익잉여금)을 나눠가져야 하는 동업자가 더 늘어난 셈이니 주가는 약세를 띠는 경우가 대부분입니다. 유상증자에 따른 주가 영향에 대해선 뒤에 더 자세히 분석하겠습니다.

부채 : 모든 빚은 부채지만 모든 부채가 빚은 아니다

Bond와 Debt, Liability 차이 이해하기

용어 때문에 혼돈을 주는 가장 대표적인 게 바로 부채(liability)입니다. 흔히 부채라고 하면 빚을 떠올립니다. 그래서 부채는 부정적으로 인식되고 부채비율이 높다고 하면 덮어놓고 경고신호로 받아들입니다.* 이는 bond(채권)와 debt(이자부 부채), liability(부채)를 구분하지 않기 때문에 발생하는 오해입니다. 회계적으로 정확한 부채의 의미와 정의를 알지 못한 채 일상용어로 받아들이면 그럴 수밖에 없습니다. bond는 기업이 자금조달을 위해 발행한 회사채를 가

---

* 부채 가운데 선수수익(unearned revenue)처럼 양질의 부채(high quality liability)도 있습니다. 이에 대해선 5장에서 자세히 설명하겠습니다.

리킵니다. 정부가 발행했으면 국채입니다. debt은 이자가 발생하는 금융부채로, 회사채를 포함해 은행 등으로부터 빌린 차입금 등이 해당합니다. 바로 이 debt이 흔히 말하는 빚입니다. 빚(debt)은 부채(liability)지만, 모든 부채가 빚은 아닙니다. 마치 진돗개는 개지만, 모든 개가 진돗개는 아닌 것처럼 말이죠.

부채(liability)는 가장 큰 개념입니다. 기업이 금전적으로는 물론 영업 활동에서도 뭔가를 해야 할 '의무'가 있다면 부채(liability)입니다. 즉 bond, debt, liability 순으로 큰 범위이며 이들을 관통하는 핵심 개념은 바로 '의무(obligation)'입니다. 회사채나 은행 차입금을 생각해보죠. 정해진 기일에 맞춰 반드시 이자를 줘야하며 만기가 되면 꼭 갚아할 의무가 있습니다. 그렇지 못하면 부도 혹은 파산입니다. 바로 이 채권(bond)과 이자부 부채(debt)가 금융부채입니다. 영업부채는 기업의 영업활동 과정에서 발생한 의무들을 모아 놓은 것입니다. 대표적인 영업부채가 매입채무(Account Payable)입니다.

당근마켓 같은 개인 간 중고거래는 물건을 넘기는 자리에서 바로 돈을 받습니다. 하지만 기업은 물건을 사고팔 때 자금을 바로바로 지급하지 않습니다. 먼저 원재료를 받아두고 그 대금은 나중에 주는 경우가 일반적입니다. 예를 들어 철수가 운동화를 만들기 위해 100억 원어치의 고무를 샀습니다. 돈은 1개월 뒤에 지급하기로 했습니다. 이 경우 일단 원재료는 받았기 때문에 자산에 그만큼이 재고로 잡힙니다. 하지만 현금은 1개월 뒤에야 나가죠. 그래서 1개월 뒤에 줘야 하는 금액만큼이 매입채무로 잡힙니다. 원재료 매입 대금을 지급해야 할 '의무'가 있기 때문입니다. 이러면 자산=부채+자본이란 항등식을 만족합니다.

매입채무 자금흐름

재무상태표(BS)		손익계산서(IS)
자산(asset)	부채(liability)	
재고 100 (원재료)	매입채무 100	영향 없음
	자본(equity)	

그런가 하면 조선업체처럼 수주 계약을 따낸 뒤 선박 건조를 진행해 매출을 올리는 기업의 경우 본격적인 공사에 들어가기 전에 계약금을 받습니다. 매출을 올리기 전에 이미 호주머니에 현금이 들어온 것이죠.

동시에 약속대로 공사를 이행해 배를 잘 만들어 넘겨줘야 할 '의무'가 있습니다. 때문에 재무상태표의 자산에 계약금으로 받은 현금이 증가하면서 부채에는 선수수익(unearned revenue) 계정으로 같은 금액이 표기됩니다.

재무상태표(BS)		손익계산서(IS)
자산(asset)	부채(liability)	
현금 100 (계약금)	선수수익 100	영향 없음
	자본(equity)	

거듭 강조하지만 부채의 기본 개념은 '의무'입니다. 흔히 말하는 '부채의식'과 크게 다르지 않습니다. 꼭 금전적으로 갚아야 하지 않더라도 뭔가를 해줘야만 할 때 우리는 '부채의식이 있다'라고 하죠. '부채=의무', 이것만 확실히 각인하고 있어도 상당한 재무적 이벤트를 해석해 낼 수 있습니다. 기업이 공시하는 재무상태표에는 부채가 유동성에 따라 유동부채와 비유동부채로 나뉘어 있지만 이 책이 부채를 금융부채와 영업부채로 나눈 이유입니다.

영업부채는 앞서 본 선수수익처럼 기업의 영업활동 과정에서 발생한 의무들입니다. 영업부채가 증가했단 것은 그 기업이 해야 할 일이 많다는 것입니다. 때문에 영업부채가 많다는 것은 그만큼 그 기업의 생산영업활동이 활발히 잘 되고 있다는 것을 의미할 수도 있습니다. 조선 경기가 호황을 맞아 발주가 늘어나면 조선사의 수주가 늘고, 자연히 계약금도 증가합니다. 부채인 선수수익이 늘어나게 됩니다. 금액 규모 면이나 재무안정성(=유동성) 측면에서는 금융부채가 중요합니다. 하지만 재무분석에서 정말 중요한 건 기업의 영업이 잘 되고 있는지, 잘 될 것인지 입니다. 그래서 중요한 영업부채 계정을 정확히 이해하는 것이 중요합니다.

부채를 볼 땐 무턱대고 총액의 증감을 따져 부채비율을 단순 계산하는 것이 아니라 금융부채가 늘어난 것인지, 영업부채가 증가한 것인지 확인해야 합니다. 실제 무디스나 S&P 등 국제신용평가사는 기업의 재무안정성을 가늠할 때 부채비율이 아닌 금융부채(debt)가 어떤지를 따져봅니다. 영업부채 때문에 단순 부채비율은 기업의 정확한 재무안정성을 평가할 수 없기 때문입니다. 주요 영업부채 계정에 대해선 4장에서 더욱 종합적으로 깊이 다루겠습니다.

TIP

유상증자와 차입이 시장에서 다르게 받아들여지는 이유;
똑똑한 투자자는 타인자본으로 돈을 번다

지금까지 자본과 부채의 기본 개념에 대해 말씀드렸습니다. 둘은 기업의 자금조달이 어떻게 이뤄졌는지 알려줍니다. 타인자본(이자부 부채)과 자기자본(자본)을 통해 기업의 재무구조를 알 수 있습니다. 먼저 타인자본을 어떻게 바라봐야 하는지 알아보겠습니다.

회사채를 많이 발행하거나 은행 차입을 늘리면 이자부 부채(debt)가 증가하고 결과적으로 부채(liability)가 증가해 재무적으로 부정적입니다. 부채비율은 대표적인 안정성 위험신호로 여겨집니다. 우리나라는 일반적으로 부채비율이 200%가 넘으면 위험하다고 인식합니다. '부채=빚'이란 비(非)회계적인 선입견이 큰 탓입니다. 전 세계 시가총액 1위인 미국 애플의 부채비율은 400%가 넘습니다. 하지만 유동성 문제를 지적당하지 않죠. 자본시장에선 단순 부채비율이 아닌 debt이 얼마나 되는지를 유동성 지표로 씁니다. 이는 5장에서 구체적으로 다루겠습니다.

하지만 좋은 사업 기회가 있다면 타인자본을 적극 활용해 수익을 증가시키는 것이 현명한 재무적 선택입니다. 지난 부동산 광풍기에 유행한 이른바 '갭투자'를 생각해보죠. 갭투자는 세입자의 전세금을 이용해 아파트를 매입한 뒤 가격이 오르면 파는 투자 방식입니다. 집주인은 세입자로부터 전세금이란 '무이자 차입금'을 받아 일부 자기자본을 더해 아파트라는 자산에 투자할 수 있습니다.

만약 10억 원짜리 아파트를 8억 원의 전세금(=타인자본)을 받아 샀다고 해보죠. 자기자본은 2억 원에 불과합니다. 2년 뒤 이 아파트가 15억 원으로 뛴 뒤 매도했다면, 2억 원으로 5억 원을 벌었으니 2.5배의 수익을 낸 셈입니다. 수익률은 150%입니다. 같은 아파트를 오로지 자기자본으로 샀다가 팔았다고 해보죠. 10억 원을 들여 15억 원에 팔았으니 수익률은 50%입니다. 세입자 전세금이란 타인자본을 활용했을 때보다 수익률이 크게 떨어집니다.

어차피 5억 원 번 것은 똑같지 않냐고요? 아니죠. 만약 자기자본 10억 원으로 동일한 갭투자를 했다면 투자 기회는 5번으로 늘고 그에 따른 성과 역시 치솟게 됩니다. 이것이 재무 레버리지(financial leverage) 효과입니다. 싸게 자금을 조달해 수익성이 높은 사업에 투자함으로써 투자 성과를 높이는 것입니다. 부채비율이 증가하면 수익성 지표인 자기자본수익률(ROE)이 늘어나는 것이 이 때문입니다(ROE에 대해선 6장에서 자세히 설명하겠습니다).

가끔 일부 기업이 '무차입 경영', 즉 빚 없이 자기자본만으로 사업을 영위하고 있다는 것을 자랑하곤 합니다. 일부 투자자도 무차입 경영을 긍정적으로 바라보곤 합니다. 기업의 재무 안정성을 강조하려는 것은 이해합니다. 특히 1997년 외환위기와 2008년 금융위기 등 굵직한 대형 악재에 떵떵거리던 대기업들이 픽픽 쓰러지던 걸 목도한 경험은 부채는 '빚'이고 '안 좋은 것'이란 인식을 강화시켰습니다. 물론 기업의 재무 안정성은 중요합니다. 하지만 지나친 안정성은 곧 경쟁기업에 비해 성장 측면에서 도태된다는 것을 의미합니다. 때문에 성장성 측면에선 결코 현명한 판단이라고 할 수 없고 투자자 입장에서도 매력적인 투자처는 아닙니다.

부채가 늘었다고 무조건 나쁜 것도, 줄었다고 덮어놓고 좋다고 할 수 없단 점입니다. 중요한 것은 그렇게 조달한 자금을 얼마나 잘 투자해 수익성을 높일 수 있느냐입니다.

지금까지 타인자본 조달에 대해 설명해 드렸습니다. 이제 자기자본을 올바르게 이해하는 기초를 말씀드리겠습니다. 자기자본 증가의 대표적인 방법이 유상증자입니다. 유상증자는 주식시장에서 주가에 대표적인 악재로 여겨집니다. 왜 그럴까요.

기업이 생산영업활동을 하다 보면 지속적인 성장에 필요한 자본적 지출(CAPEX - Capital Expenditures)을 위해 돈이 더 필요하게 됩니다. 공장을 더 짓고 기계설비도 새로 들여야 하는 것이죠. 특히 신사업에 진출하려면 정말 많은 자금이 필요합니다. 이때 필요한 돈을 어떻게 조달하면 될까요?

가장 먼저 끌어다 쓰는 돈이 자본의 이익잉여금입니다. 돈이 필요할 때 어떤 돈부터 꺼내 쓰나요? 그간 열심히 벌어서 통장에 모아 놓은 돈부터 쓰죠. 마찬가지로 기업 역시 지금까지 벌어서 쌓아둔 돈부터 투자에 쓰는 것입니다. 그래도 돈이 부족하면 선택의 기로에 섭니다. 회사채 발행이나 은행 차입 같은 타인자본, 즉 부채로 조달할 것인가, 아니면 유상증자를 통해 주주를 더 늘리는 자기자본 증대로 돈을 마련할 것인가. 만약 사업 확장을 위해 5억 원의 자본금을 마련했는데 추가로 5억 원이 더 필요하다고 가정해보죠. 5억 원을 은행에서 빌릴 수도 있고, 친구에게 5억 원을 투자하라고 할 수도 있습니다. 그러면 친구는 내 동업자가 됩니다. 전자는 타인자본 조달이고 후자는 자기자본 증가입니다.

이때 선택의 관건은 사업의 성공 가능성입니다. 만약 사업 확장으로 매년 100억 원의 수익을 추가로 창출할 것이라고 99% 확신한다고 해보죠. 그럼 5억 원을 은행에서 빌리는 게 더 좋습니다. 1년 뒤 100억을 벌면 은행에 원금 5억과 약간의 이자를 붙여 갚아 버리면 95억가량이 순전히 내 몫이 됩니다. 하지만 친구가 동업자로 참여하면? 지분율이 5대 5이므로 100억을 동업자와 절반씩 나눠 가져야 합니다. 50억도 적지 않은 돈이지만 성공의 열매를 혼자서 독차지할 수 있었던 기회를 친구와 굳이 나눌 필요는 없습니다.

반대로 사업 성공 가능성보다 실패할 확률이 크다면 동업을 제안해 자본금을 늘리는 것이 현명합니다. 만약 실패해서 순이익은 고사하고 투자한 자본금조차 한 푼도 못 건졌다면 각자 5억 원씩 날린 것으로 끝입니다. 하지만 은행 빚을 졌다면 자본금을 날린 것에서 그치지 않고 갚아야 할 5억 원이란 빚이 계속 따라붙습니다. 유상증자를 하면 단순 산술적으로 기업의 이익을 나눌 주주가 많아지기 때문에 당장 주가에 부정적입니다. 하지만 그보다는 위의 예에서 보듯, 유상증자라는 재무 이벤트 자체가 기업이 투자하는 사업에 대해 자신감 혹은 확신이 부족한 것 아니냐는 안 좋은 신호로 여겨집니다. 사업이 확실히 성공할 것이란 자신감이 있다면 동업자를 모을 이유가 없기 때문이죠. 이 때문에 주가가 하락합니다.

다만 유상증자가 무조건 부정적인 것은 아닙니다. 그동안 벌어서 쌓아둔 돈(이익잉여금)과 은행 빚(타인자본)으로 돈을 끌어와 쏟아부어도 계속해서 더 돈이 필요할 수 있습니다. 그러면 남은 선택지는 유상증자뿐이죠.

아래는 2020년부터 2022년까지 에코프로비엠의 부채와 자본금 증가입니다. 부채비율은 급증했고 대규모 유상증자가 이어졌지만 주가는 크게 뛰었습니다. 왜 그럴까요.

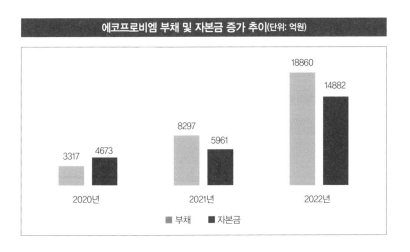

이 기간 2차전지 산업은 호황을 맞이했습니다. 엄청난 성장세를 보였고 전망도 창창했습니다. 2차전지 소재기업인 에코프로비엠은 어마어마한 CAPEX 투자를 이어갔습니다. 성장 기회를 맞아 최대한 자금을 끌어와 공격적으로 투자를 한 것입니다. 그리고 이를 시장은 훌륭한 경영 판단이라고 받아들였습니다. 때문에 부채비율 증가나 유상증자 그 자체를 좋다, 나쁘다 단정 지을 수 없습니다. 그 어떠한 재무 이벤트도 두부 자르듯 결과가 정해진 것은 없습니다. 중요한 건 그렇게 조달한 자금을 얼마나 수익성 있고 성장이 폭발적인 사업에 쓰는지입니다.

다시 한 번 강조하지만 기업 분석에선 수학처럼 단순 명쾌한 공식, 명약관화한 법칙이 존재하지 않습니다. 반드시 해당 산업, 기업의 상황과 전망을 종합적으로 고려해야 합니다.

TIP

부채인 듯 자본 같고, 자본 같지만 부채인 신종자본증권들

앞서 유상증자는 일반적으로 주가에 부정적 영향을 미친다고 말씀을 드렸습니다. 많은 기업이 유상증자는 피하려 하죠. 그럼에도 유상증자를 하게 된다면 최선을 다해 언론이나 광고 등을 통해 긍정적인 인상을 심어주려 노력합니다. 미래 신사업에 대규모 투자를 한다느니, 새로운 먹을거리를 찾았다느니 하는 식이죠. 하지만 실제 우리나라에서 대기업들이 유상증자를 피하려는 진짜 이유는 따로 있습니다.

우리나라 대기업 집단은 많은 경우 소유와 경영이 분리돼 있지 않습니다. 기업 오너라는 표현이 흔합니다. 지배력 유지와 강화가 중요한 오너 입장에서 핵심은 지분율입니다. 주가가 떨어지든 오르든, 그래서 우리나라 최고 부자 순위가 엎치락뒤치락하든 그들은 별 관심이 없을 것입니다.

어차피 팔지도 않을 주식의 가격이 오르든 말든 무슨 상관이겠습니까. 이들에게 중요한 건 안정적으로 경영권을 유지하고 여러 계열사의 지배구조를 강화하는 것입니다. 경영권 세습도 중요한 고려사항입니다. 때문에 지분 가치가 아닌 지분율 유지 및 강화가 중요합니다. 유상증자를 하게 되면 어떻게 되나요? 오너의 지분율이 30%인 상황에서 유상증자를 한다고 해보죠. 만약 모두 새로운 주주들로 채워진다면 지분율은 하락합니다. 지주회사법상 우리나라 지주회사로 인정받기 위해선 지주회사가 상장 계열사 지분을 30%(비상장사는 50%) 이상 보유해야 합니다. 많은 대기업 집단이 지주회사 체제로 지배구조를 유지하고 있기 때문에 30% 지분율은 매우 상징적이고 중요합니다. 국내 주요 대기업 집단 계열사가 유상증자를 쉽사리 하지 못하는 이유가 이 때문입니다.

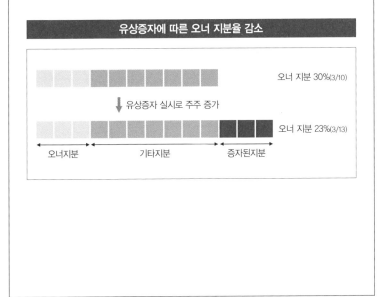

유상증자에 따른 오너 지분율 감소

오너 지분 30%(3/10)

↓ 유상증자 실시로 주주 증가

오너 지분 23%(3/13)

오너지분   기타지분   증자된지분

유상증자를 하면서 오너의 지분율이 떨어지지 않으려면 지분율만큼 오너가 돈을 넣어야 합니다. 만약 오너의 지분이 1조 원 규모인데 전체 자본 규모의 20%의 유상증자를 실시한다고 할 때, 지분율이 낮아지지 않으려면 유상증자에 참여해 2,000억 원을 넣어야 합니다. 외부 자금이 필요해서 유상증자를 실시하는데 내 돈을 넣어야 하니 유상증자의 목적에 배치됩니다. 게다가 수천억의 자금을 조달하려면 결국 은행 빚이나 회사채를 발행해야 하는데 그렇게 되면 부채비율이 올라가게 되니 이 또한 한계가 있습니다.

돈은 필요한데 차입은 부채비율이 올라가서 안 되고, 유상증자를 하자니 지분율이 낮아집니다. 이도 저도 할 수 없는 상황에서 궁리 끝에 탄생한 것이 신종자본증권인 영구채입니다. 영구채는 이름에서 보듯 형식상은 채권입니다. 영어로도 Perpetual bond입니다. 하지만 회계상 부채가 아니라 자본으로 분류됩니다. 이를 이해하려면 IFRS는 형식보다는 실질을 중시한다는 걸 다시 떠올려야 합니다. 또 부채의 정확한 개념도 알고 있어야 합니다. 부채는 빚이 아니라 의무라고 말씀드렸습니다.

영구채는 만기가 30년이나 됩니다. 심지어 30년 만기가 돌아왔을 때 만기를 30년 더 연장할 수 있습니다. 일반적인 채권은 만기가 되면 원금을 상환해야 하는 의무가 있습니다. 하지만 영구채는 중간중간 이자만 약속대로 주면 될 뿐 만기는 사실상 무한대나 마찬가지입니다. 원금을 줄 의무를 뒤로 미루면서 회피할 수 있는 것이죠. 중간 중간 배당만 주면 되는 우선주와 실질적으로 비슷하지 않나요?

다시 한번 말씀 드리지만 IFRS는 형식보다 실질을 강조합니다. 때문에 영구채는 부채가 아니라 자본으로 분류되는 것입니다. 형식적으로는 부채이지만 부채비율을 높이지 않고, 자본으로 분류되지만 지분율에도 영향을 미치지 않습니다. 오너 입장에선 이보다 더 훌륭한 자본조달 수단은 없을 것입니다. 또 보험사처럼 재무 안정성이 중요한 기업들도 부채 비율은 늘리지 않고 자본 규모는 증가시킬 수 있는 장점 때문에 영구채를 많이 활용하고 있습니다.

다만 영구채의 이자에 대해선 논란이 되고 있습니다. 영구채는 만기 개념이 없기 때문에 일반 회사채보다 발행금리가 훨씬 높습니다. 2013년 포스코가 발행한 영구채 금리는 4.6%에 달합니다. 당시 1조 원을 발행했으니 1년 이자만 해도 460억 원에 달합니다. 결코 적은 돈이 아닙니다. 그런데 이자는 반드시 지급을 해야 합니다. 의무가 있는 것이죠. 그래서 회계업계에선 영구채 원금은 자본으로 보더라도 이자는 별도로 부채로 봐야 한다는 지적을 제기하고 있습니다. 만약 이자를 부채로 분류하게 된다면 영구채를 많이 발행한 기업은 부채비율이 치솟을 것입니다.

YG엔터가 발행한 RCPS는 우선주인데 부채가 된 이유는?

채권이지만 자본이 된 영구채와 정반대로 형식상 자본이지만 실제로는 부채로 잡힐 수도 있는 자금조달 수단이 있습니다. 상환전환우선주(RCPS)입니다. 상환전환우선주에 대해 일단 아래 두 신문 기사를 보시죠.

YG엔터, 루이비통 측에 투자금 674억 상환키로… 이자 63억

YG엔터테인먼트가 프랑스 명품업체 루이비통 측에 투자금 674억원을 상환하기로 했다.

(중략)

LVMH는 2014년 10월 그레이트월드뮤직인베스트먼트를 통해 상환전환우선주(RCPS) 방식으로 YG에 투자했다.

(중략)

회사 측은 "전환상환우선주의 만기일 상환 청구 예정에 따른 것"이라며 "전환상환우선주는 회계상 부채로 계상돼 있어 이번 상환에 따른 회계상 자본 감소는 없다"고 밝혔다.

대신증권, RCPS 발행으로
2,300억원 조달…자기자본 3조원 채워

대신증권이 상환전환우선주(RCPS) 437만주를 발행 자기자본 2,300억원을 추가로 확보하기로 했다.

(중략)

RCPS는 회계상 자본으로 인정되며, 발행 후 대신증권의 자기자본은 3조원을 넘어서게 된다.

YG엔터와 대신증권이 발행한 상환전환우선주에 대한 기사입니다. 그런데 YG엔터가 발행하고 프랑스 명품제조업체 LVMH가 투자한 상환전환우선주는 '부채'라고 합니다. 대신증권이 발행한 상환전환우선주는 '자본'이라고 하고요. 언론이 잘못 쓴 것일까요? 설마 그럴 리가 있겠습니까.

상환전환우선주를 하나씩 뜯어보죠. 상환권(R·Redeemable)과 전환권(C·Convertible)이 있는 우선주(PS·Preferred Stock)입니다. 우선주를 기본으로 해서 이것저것 조건들이 덕지덕지 붙었습니다. 우선주는 당연히 자본입니다. 중요한 것은 상환권(R)입니다. 상환권에 따라 상환전환우선주는 부채가 될 수도 있습니다. YG엔터와 대신증권이 발행한 상환전환우선주의 주요 발행조건을 보죠. 전환권(C)에 해당하는 전환 조건이나, 우선주(PS)와 관련된 배당에 대한 사항은 별 차이가 없습니다. 하지만 상환권(R)은 완전히 정반대입니다.

YG엔터 RCPS 주요 조건		
발행규모		약 610억원
발행주식수		135만9688주
배당에 관한 사항		배당 비율은 보통주와 동일함
상환에 관한 사항	상환기간	주주는 발행일로부터 5년째 되는 날 상환청구하여야 함
전환에 관한 사항	전환조건	1:1전환(우선주 1주당 보통주 1주), 발행후 1년 이후 주주의 선택에 따라 보통주 전환 가능

　　YG엔터는 투자자인 LVMH가 상환 청구를 하면 상환을 해줘야 합니다. 그래야 할 '의무'가 있습니다. 반면 대신증권은 자신들이 상환 여부를 결정할 수 있습니다. 부채는 '의무'라고 말씀드렸습니다. YG엔터는 투자자가 이 상환전환우선주를 들이밀면서 다시 돈으로 돌려달라고 하면 반드시 돌려줘야만 합니다. 이 때문에 YG엔터가 발행한 상환전환우선주는 우선주임에도 부채가 되는 것입니다. 형식적으로는 우선주지만 상환해야 할 의무가 주어졌으니까요. IFRS는 형식이 아닌 실질을 중시합니다. 이에 비해 대신증권은 그런 의무가 없기 때문에 대신증권의 상환전환우선주는 너무나 당연히 자본으로 분류가 됩니다. 이름은 똑같이 상환전환우선주라도 핵심인 상환 권리를 누가 갖고 있느냐에 따라 분류가 달라졌습니다.

대신증권 RCPS 주요 조건

발행규모*		총 2300억원
발행주식수		437만2618주
배당에 관한 사항		비참가적, 누적적 우선배당
상환에 관한 사항	중도상환에 관한 사항	발행일로부터 일정 시점 이후 매 6개월마다 발행사(대신증권) 선택으로 상환 가능
	조기상환청구권	발행일로부터 일정 시점 이후 발행사 선택으로 조기상환수수료를 지급하고 상환 가능
전환에 관한 사항		1:1전환, 발행일로부터 일정 시점 이후 투자자 선택으로 보통주 전환 가능

• 세 번에 걸쳐 각각 700억, 1100억, 500억씩 발행

　　그런가 하면 우리나라 기업이라도 비상장사는 형식을 중시하는 GAAP을 쓴다고 말씀드렸습니다. 상환 권리가 투자사 측에 있는 우선주라 하더라도 발행사가 비상장사라면 이를 고민할 필요 없이 자본으로 분류합니다. 거듭 말씀드리지만 회계는 무 자르듯 할 수 있는 게 아닙니다. 일정 기준과 요건이 있고 그것을 충족하면 그때부터 해석과 판단의 문제입니다. 재무의 기본 원리와 주요 핵심 개념을 정확히 숙지해야 나날이 발전하고 변화하는 금융시장을 제대로 이해하고 분석할 수 있습니다.

자산 : 재산과 자산은 다르다

기업에게 가장 중요한 건 자산입니다. 유·무형의 자산을 통해 생산과 서비스를 제공하고 돈을 법니다. 그래서 얼마나 경쟁력이 있고 지속가능한 자산을 갖고 있는지가 기업 분석의 핵심이라 할 수 있습니다.

그렇다면 자산이란 뭘까요? 재산과는 무엇이 다를까요? 대답이 쉽지 않으실 겁니다. 자산은 기업 분석의 핵심이라고 말씀드렸습니다. 그런데 정작 이 자산의 개념을 정확히 이해하지 않는다면 제대로 된 분석이 될 리 없습니다. 예를 들어보죠. YG엔터에게 가장 중요한 캐시카우(cash cow)는 블랙핑크입니다. 하지만 YG엔터의 재무상태표와 그 주석에선 아무리 눈을 씻고 찾아봐도 블랙핑크는 없습니다. 블랙핑크뿐 아니라 그 어떤 연예인도 표기돼 있지 않습니다. 그 대신 블랙핑크에 준 것으로 추정되는 계약금은 무형자산으로 분류돼 있습니다. 지금부터는 차근차근 자산의 정확한 개념을 이해하고 이를 통해 기업 분석을 위한 기초를 탄탄히 해나가 보겠습니다.

미국 애플의 연구개발과 삼성전자의 연구개발이 다른 이유

회계적 자산은 일반적으로 쓰이는 재산 개념과는 다릅니다. 회계적으로 자산은 아래 세 가지 요건을 충족해야 합니다.

첫 번째는 식별가능성(identifiability)입니다. 보유와 매각, 교환 등이 가능해야 한다는 것으로, 뭔가 실체가 있어야 한다는 것입니다. 여기서 말하는 실체란 공장이나 기계설비 같은 물질적인 것뿐 아니라 특허권, 저작권 같은 무형의 자산도 포함합니다.

두 번째는 통제가능성(controllability)입니다. 이 부분이 민법상 '재산'과 회계적 '자산'이 구분되는 지점입니다. 내가 소유를 하지 않았더라도 영업·생산활동에 쓸 수 있으면 자산으로 볼 수 있는 것입니다. 앞서 운동화 공장의 예로 다시 올라가보죠. 철수와 영희는 공장을 임대해서 물건을 생산해 수익을 내고 있습니다. 민법상 이 공장 건물은 건물주의 재산입니다. 또 건물주는 공장 건물을 통해 임대료 수익을 올리고 있기 때문에 공장은 건물주의 회계적 자산이기도 합니다. 철수와 영희 입장에서 이 공장은 민법상 재산은 아니지만 회계적으로는 자신들의 자산입니다. 임대료라는 비용을 지불하는 대가로 철수와 영희가 공장을 관리, 통제하고 있기 때문입니다. 반대로 철수와 영희가 원자재 운송과 완제품 판매에 이용하는 도로를 생각해보죠. 철수와 영희는 이 도로 덕분에 영업·생산활동을 할 수 있지만 관리, 통제를 하지 않으며 할 수도 없습니다. 때문에 자산이 아닙니다.

첫 번째, 두 번째 조건은 상식적인 수준에서 이해하시면 됩니다. 가장 중요하고 반드시 명심해야 할 건 세 번째 조건입니다. 세 번째는 미래 경제적 이익(future economic benefit)이 가능한가입니다. 이

것이 회계적 자산을 이해하는 가장 중요한 핵심 개념입니다. 쉽게 말해, 앞으로 돈이 될 수 있는 것을 자산으로 보겠단 것입니다. 다만 미래 경제적 이익 가능성을 판별하려면 아래 두 조건이 만족돼야 합니다. 돈이 될 것이 확실시 돼야 하고(probable), 장부상 금액을 합리적으로 측정할 수 있어야 합니다(reliably measurable). '돈이 될 것인지 확실한가'란 자산의 내용적 조건입니다. 이는 기업이 판단하기 나름입니다. 미국 애플은 자산에 개발비가 전혀 없지만 삼성전자는 일부 개발비를 자산으로 잡는 이유입니다. 미국 GAAP은 돈이 될 것이 확실시되는지를 '성공 가능성 80%'라는 명시적인 수치로 일괄 제시하고 있습니다. 80%는 사실상 개발에 성공해 상용화를 앞둔 단계입니다. 웬만해선 자산으로 잡지 말라는 것과 같습니다.

반면 우리나라 상장사가 따르는 IFRS는 합리적 근거를 명확히 제시한다면 기업의 판단을 존중합니다. 삼성전자가 열심히 돈을 쏟아부어 개발하는 제품 혹은 서비스가 앞으로 돈이 될 것이 확실하다고 판단했다면 그 개발비를 자산으로 잡을 수 있습니다. 일반적으로 연구개발(R&D) 가운데 개발(develop) 단계가 됐다고 판단하면 자산으로 잡을 수 있습니다. 실제 국내 주요 기업은 R&D 지출을 별개 항목으로 공시하면서 연구와 개발을 분리해 금액을 별도로 보여줍니다.

R&D 지출의 자산화와 비용처리 방법에 대해선 다음 4장에서 다양한 실제 기업의 예와 함께 상세히 다루도록 하겠습니다. 여기서는

삼성전자 연구개발비

DART 📊 삼성전자

본문 2024.03.12 사업보고서 ∨   첨부 +첨부선택+ ∨

문서목차 ◁
- 사업보고서
- [대표이사 등의 확인]
- Ⅰ. 회사의 개요
  - 1. 회사의 개요
  - 2. 회사의 연혁
  - 3. 자본금 변동사항
  - 4. 주식의 총수 등
  - 5. 정관에 관한 사항
- Ⅱ. 사업의 내용
  - 1. 사업의 개요
  - 2. 주요 제품 및 서비스
  - 3. 원재료 및 생산설비
  - 4. 매출 및 수주상황
  - 5. 위험관리 및 파생거래
  - 6. 주요계약 및 연구개발활동

[연구개발비용]
(단위 : 백만원, %)

과 목		제55기	제54기	제53기
연구개발비용 총계		28,352,769	24,929,171	22,596,487
(정부보조금)		△13,045	△9,973	△1,053
연구개발비용 계		28,339,724	24,919,198	22,595,434
회계 처리	개발비 자산화(무형자산)	-	-	△193,708
	연구개발비(비용)	28,339,724	24,919,198	22,401,726
연구개발비 / 매출액 비율 [연구개발비용 총계÷당기매출액×100]		10.9%	8.2%	8.1%

※ 연결 누계기준입니다.
※ 비율은 정부보조금(국고보조금)을 차감하기 전의 연구개발비용 지출 총액을 기준으로 산정하였습니다.

[△는 부(-)의 값임]

자산의 정의와 관련한 조건들을 명확히 이해하는데 집중하겠습니다. '합리적 측정 가능성'이란 두 번째 조건은 회계적 기준을 명시한 것입니다. 앞서 재무제표라는 장부(Book)는 숫자의 세계라고 설명했습니다. 그리고 그 숫자는 측정이 가능하고 누구나 합리적으로 받아들일 수 있는 원가(cost)라고 강조했습니다. 그것이 바로 두 번째 조건을 의미합니다.

자산의 핵심 – 유·무형자산 / 재고자산 / 매출채권

철수의 운동화 공장 예에서, 공장은 분명한 자산입니다. 공장에서 운동화를 만들어 팔아 돈을 버니 미래 경제적 이익을 얻습니다. 그럼 이 공장을 장부에 얼마로 기록해야 할까요. 공장을 차려서 본격적인 생산·영업에 들어가기까지 들어간 모든 지출이 원가 개념으로 장부에 적힙니다. 즉 임대료, 공장 내 생산설비 구매·설치비, 각종 인허가 비용 등의 총합이 바로 이 공장의 장부상 자산 가치가 되는 것입니다. 공장이니깐 자산 가운데서도 유형자산(PPE·Property Plant Equipment)이 되겠네요. 무형자산인 경우도 비슷합니다. 어떤 기업이 열심히 노력해서 앞으로 떼돈을 벌어다 줄 특허를 하나 냈다고 해보죠. 미래 경제적 이익이 확실히 기대되니 이 특허권은 무형자산입니다. 그럼 장부에 얼마로 적으면 될까요. 이 특허를 인정받기까지 들어간 모든 비용이 바로 장부금액입니다. 연구개발 비용이 가장 큰 비중을 차지할 것이고, 특허 심사 과정에서 들어간 행정적 비용 같은 간접적인 지출도 모두 포함됩니다.

재고자산(Inventory)도 중요한 자산의 계정입니다. 공장에서 본격적으로 운동화를 생산하려면 다양한 원재료를 사와야 합니다. 원재료 구입비가 일단 들어갑니다. 여기에 운동화를 만드는데 들어가는 전기세도 적지 않습니다. 물건을 다 만들고 나서 아직 팔리지 못해 남아 있는 완제품들도 재고자산입니다. 이처럼 원재료 구입비와 완제품은 물론 그 원재료를 완제품으로 만드는데 들어가는 간접비까지 모두 다 포함한 금액 총합이 재무상태표에 재고자산 금액으로 표기됩니다. 유형자산과 재고자산의 예에서 보듯 재무상태표의 자산에 표기된 장부금액은 그 자산이 생산·영업활동에 들어가기 직전까지 투입되는 지출금의 총합입니다. 다만 그 과정에서 불법적이거나 일회적으로 발생한 비용은 제외됩니다. 공장을 차리는 과정에서 산림을 훼손해 부과된 범칙금 같은 것들은 장부 금액 산정에서 빼야 합니다. 만약 그렇지 않았다면 기업이 잘못해 놓고도 자산이 부풀려지는 역설이 발생할 수 있습니다.

유형자산과 재고자산에 이어 중요한 자산 계정이 매출채권(Account Receivable)입니다. 앞서 설명한 부채의 매입채무(Account Payable)와 반대 개념으로 보면 됩니다. 매입채무는 원자재를 사오는 구매자로서 생긴 부채 계정입니다. 철수가 운동화를 만들어 팔기 위해 원재료인 고무를 1,000만 원어치 샀습니다. 그런데 그 대금은 나중에 지급하기로 했습니다. 돈을 지불해야 할 의무가 있기 때문에 재무상태표의 부채 항목에 매입채무로 잡힙니다.

반면 매출채권은 제품을 판 판매자이기 때문에 생긴 계정입니다. 철수가 운동화를 다 만들어 1,500만 원을 받고 팔았습니다. 구매자는 물건을 받았지만 돈은 2개월 뒤에 주겠다고 합니다. 그러면 미래(2개월 뒤)에 1,500만 원이란 경제적 이익이 확실시되기 때문에 매출채권이란 자산으로 분류하게 됩니다.

매출채권 자금흐름

재무상태표(BS)		손익계산서(IS)	
자산(asset)	부채(liability)		
		매출	1500
		비용	1000
매출채권 1500			
재고 1000			
	자본(equity)		
	이익잉여금 500	순이익	500

자산 분류의 실례
-하이브를 먹여 살리는 BTS가 회계상 자산이 아닌 이유

자산은 기업의 영업활동은 물론 재무분석에도 가장 중요합니다. 때문에 '미래 경제적 이익 가능성'이란 자산의 개념은 재무제표를 이해하고 분석하는 데 너무나 중요합니다. 몇 가지 실례를 통해 이해해보죠. 흔히 사장님들이 신년 훈화 말씀으로 '우리 회사는 여러분 같은 인재가 최대 자산'이라는 말을 하곤 합니다. 가슴이 뭉클해지죠. 사장님의 뜻은 이해되지만 회계적으로는 틀렸습니다.

자산의 회계적 정의에 따라 인재라는 '인적자원'을 따져보죠. 직원들이 일을 해서 돈을 벌어오니 첫 번째 조건인 '미래 경제적 이익의 가능성'

은 충족하는 것 같습니다. 하지만 문제는 두 번째 조건입니다. 합리적으로 금액을 측정할 수가 없습니다. 직원 한 사람, 한 사람을 대체 얼마로 장부에 적어야 하는지 알 수가 없는 것입니다. 앞서 말씀드린 대로 장부(book)의 세계는 원가에 기반 한 장부가치(book value)로 이뤄져 있습니다. 명확한 숫자로 표기돼야 한다는 것입니다. 하이브라는 엔터테인먼트 기업을 생각해보죠. 경제적 이익을 일으키는 최대 자산은 당연히 BTS와 뉴진스 등 연예인입니다. 누가 봐도 가능성(probable)이란 첫 번째 조건은 만족합니다. 하지만 하이브 재무상태표를 아무리 뒤져봐도 BTS와 뉴진스는 나오지 않습니다. 이들 연예인을 장부에 얼마로 기입해야 하느냐의 문제 때문입니다. 자산의 두 번째 조건이 만족하지 않습니다. 이는 인적자원이 핵심인 사교육 기업(강사)이나 게임업체(개발자)도 마찬가지입니다.

그렇다면 연예인 혹은 유명 일타강사를 영입하면서 지불하는 계약금은 어떤가요? 2023년 YG엔터테인먼트는 블랙핑크와 재계약을 했습니다. 블랙핑크란 인적자원은 설명한 대로 재무상태표상 자산이 되지 못합니다. 하지만 재계약을 하면서 YG엔터가 지불한 계약금은 어떤가요? 일단 미래 경제적 이익이 날 가능성이 있다고 보기 때문에 지급을 했을 것입니다. 첫 번째 조건은 만족합니다. 문제가 된 두 번째 조건도 충족합니다. 정확한 금액이 명시가 되니까요. 2023년 YG엔터의 사업보고서를 보면 재무제표 주석에 계약금액이 정확히 기재돼 있습니다.

같은 예로, 2022년 JYP의 사업보고서에서도 100억 원이 넘는 계약금이 등장합니다. 트와이스와 재계약을 했다는 소식이 비슷한 시기에 들려왔습니다. 트와이스와 재계약을 하면서 지급한 계약금일 가능성이 큽니다. 이처럼 무형자산의 경우 구체적인 정보가 명시되지 않는 경우가 대부분입니다. 재무분석을 할 때 장부만 봐선 충분한 분석이 되지 않는 이유입니다. 해당 기업과 산업에 대한 언론 기사나 애널리스트 보고서 등 추가적인 정보가 함께 어우러져야 기업의 재무 정보를 정확히 이해하고 해석할 수 있습니다.

이번엔 비트코인 같은 암호화폐(가상자산)를 생각해보죠. 자산으로 잡을 수 있을까요? 미래 경제적 이익 가능성이 있습니다. 합리적으로 금액을 측정 가능한가요? 시장이 있으니 거래가 되고 가격도 바로 확인할 수 있으니 그렇다고 할 수 있습니다. 때문에 암호화폐를 자산으로 잡을 수 있습니다. 일찌감치 국제적으로도 결론이 난 사항입니다. 관건은 자산 중에 어떤 계정과목으로 분류할 것이냐입니다. 암호화폐 관련 업체나 투자자들은 현금(Cash)으로 처리하길 내심 바랐습니다. 회계적으로 암호화폐를 진짜 화폐(Cash)라고 인정해준 것이니까요. 하지만 현실적으로 가능성은 떨어지기에 내심 주식이나 채권 같은 금융상품으로 분류해주는 것을 원했죠. 그렇게 되면 거래가 훨씬 활발해질 수 있습니다. 이미 암호화폐를 많은 기업이 상당 규모 보유한 상황에서 회계업계는 고심을 거듭했습니다. 그리고 마침내 지난 2019년 국제적으로 회계기준이 정립됩니다. 암호화폐를 단순 보유한 경우엔 무형자산(intangible asset)으로 처리하도록 합니다. 암호화폐를 전문적으로 사고파는 거래소는 보유한 가상자산을 재고로 인식하도록 했죠. 암호화폐가 자산이란 점은 같지만 보유한 목적이 무엇이냐에 따라 구체적인 계정과목에 차이를 둔 것입니다. 다만 실제 아직 많은 국내 기업들은 이 지침을 그대로 따르지 않고 '가상자산'이란 별도 계정과목을 명시해 따로 금액을 표기하고 있습니다.

3-2

손익계산서
다시 쓰기

재무상태표가 기업의 탄생부터 현재까지 누적된 역사를 재무적으로 보여준다면 손익계산서는 당해연도의 성과를 보여줍니다.

손익계산서를 보면 맨 위 매출을 시작으로 매출원가와 판매비 및 관리비(판관비) 등 각종 비용을 하나씩 제외한 뒤 맨 아래에 순이익을 보여줍니다. 그런데 왜 비용을 굳이 매출원가와 판관비로 나누어 보여줄까요? 심지어 인건비 같은 일부 항목은 두 계정 모두에 존재합니다. 영업이익률이나 순이익률 같은 수익성 분석을 할 땐 매출원가와 판관비를 따지지 않습니다. 그런데도 굳이 분류를 해놨습니다. 우리나라뿐 아니라 전 세계 기업들 모두 비용을 이렇게 손익계산서에 따로 보여줍니다. 당연히 아무 이유 없이 그런 건 절대 아닙니다.

이유가 있습니다. 이를 이해하려면 기본 원리와 기초 개념을 알아야 겠죠. 차근차근 원리와 개념을 알게 되면 기업의 재무 관련 정보에 대한 이해는 한층 깊어지고 넓어지게 될 것입니다. 이제 하나씩 살펴보겠습니다.

재무상태표는 그간 기업의 활동과 역사를 누적해 모아 보여줍니다. 손익계산서는 한 해 성과를 보여주는 재무정보입니다. 그래서 재무상태표는 저량(stock concept), 손익계산서는 유량(flow concept)이라고 합니다. 손익계산서는 맨 윗줄에 매출(Sales)에서부터 차례로 각종 비용을 빼나가는 방식으로 정렬돼 맨 아래 순이익(Net Income·NI)이 나옵니다. 애널리스트 보고서 등에서 '탑라인(top line) 성장이 기대된다'는 식의 표현을 본 적이 있을 것입니다. 이는 해당 기업이 속한 산업이 성장하거나 거시경제 측면에서 긍정적인 영향이 기대돼 손익계산서의 맨 윗줄에 있는 매출이 증가할 것으로 예상될 때 쓰는 말입니다. 반대로 바텀라인(bottom line) 증가라는 것은 맨 아랫줄에 있는 순이익이 성장할 것이란 표현입니다. 매출은 큰 변동이 없지만 비용을 줄이면 순이익은 늘어날 수 있습니다. 기업이 불필요한 지출을 줄이거나 조직 효율화, 기술 개발 같은 것들로 비용을 절약할 수 있을 때 바텀라인 증가를 기대할 수 있습니다.

손익계산서에서 가장 많이, 가장 쉽게 분석 목적으로 보는 것이 영업이익률, 순이익률 같은 수익성 지표입니다. 분모에 매출을 놓고 분자에 영업이익이나 순이익을 놓는 것입니다. 이를 통해 같은 매출이라도 실제로 얼마나 돈을 많이 남겼는지를 알 수 있습니다. 똑같이 100만 원을 벌어서 나는 최종적으로 10만 원을 남겼다면 내 순이익률은 10%입니다. 그런데 옆집은 20만 원을 남겼다면 옆집의 순이익률은 20%입니다. 옆집의 수익성이 더 좋으니 투자자라면 옆집으로 몰려갈 것입니다. 그렇지만 수익성만으로 기업에 대한 분석 결론을 내릴 수 없습니다. 앞서 설명했듯 재무상태표와 손익계산서는 한 몸으로 움직입니다. 재무상태표의 자산을 통해 열심히 생산·영업활동을 하게 되면 그것이 손익계산서의 매출로 이어집니다. 그리고 그 매출은 각종 비용을 제하고 순이익으로 떨어지게 됩니다. 이 순이익은 다시 재무상태표 자본의 이익잉여금으로 돌아옵니다. 기업은 이렇게 벌어들인 돈을 재투자해 계속해서 성장해나갑니다. 이 큰 흐름은 반드시 머릿속에 그려져야 합니다. 그리고 그 연결고리가 매출이란 것도 명심해야 합니다.

재무분석을 제대로 하려면 재무상태표와 손익계산서를 이어주는 매출에 대한 정확한 개념과 이해가 수반돼야 합니다. 그래야 자산을 얼마나 효율적으로 사용하고 있는지, 자금조달은 적정하게 잘 이뤄지고 있는지 같은 핵심적인 분석도 수행할 수 있습니다. 그럼 이제 매출과 그 매출이 순이익까지 가는 과정에서 차감되는 각종 비용을 정확히 이해해보도록 하겠습니다.

매출과 비용에 대한 회계 기본 원칙

동네 치킨집의 매출은 하루하루 간단히 집계됩니다. 닭을 잘 튀겨서 손님에게 건네면 돈을 받고 그걸 매출이라 부릅니다. 비용도 마찬가지입니다. 치킨의 원재료인 생닭이 들어오면 돈을 건넵니다. 비용 처리를 한 것이죠. 큰 기업들은 그렇지 않습니다. 물건을 생산해 팔고 실제 돈을 받기까지, 기업의 경제활동을 생각해볼까요. 어떤 기업은 물건을 주문받은 뒤에 만듭니다. 어떤 기업은 일단 생산을 해놓고 판매영업을 합니다. 혹은 제품이 어느 정도 완성단계에 이르면 즉시 고객사와 판매 계약을 체결하기도 합니다. 돈이 오가는 과정도 복잡합니다. 일부 계약금을 먼저 받는 경우가 있습니다. 중간에 중도금을 주고받기도 하죠. 제품을 팔았더라도 상대가 물건을 갖고 가서 하자검수를 모두 끝낸 뒤에야 대금을 치르는 경우도 있습니다. 물건을 넘기는 과정도 간단하지 않죠. 거래 기업이 유럽이나 미국에 있는 경우 생산한 제품을 배에 실어 상대에 넘기는데 한 달 이상의 기간이 소요됩니다. 그런가 하면 100개를 팔기로 했는데 일단 오늘은 50개만 갖고 가고 두 달 뒤에 나머지 50개를 갖고 가는 경우도 있습니다. 그러므로 각 회계연도*마다 매출과 비용을 언제, 얼마로 잡을지 확실한 규정이 있어야 일관되고 의미 있는 재무정보가 될 수

---

* 회계연도(fiscal year)는 기업의 재무활동 기간으로, 총 기간은 365일로 일반적인 1년(calendar year)과 같지만 시작과 끝은 기업마다 다르게 할 수 있습니다. 다만 국내 상장사는 98%이상이 회계연도를 일반적인 연도와 같이 1월 1일부터 12월 31일까지로 하고 있습니다.

있습니다.

그럼 회계적으로 무엇을 매출과 비용으로 볼 것인지, 그 금액은 어떻게 산정되는지 정확한 방법에 대해 알아보겠습니다.

현금주의

매출을 잡는 가장 쉽고 간편한 방법은 실제 내 손에 현금이 들어왔을 때 잡는 방법입니다. 마찬가지로 현금이 나가면 비용이 되겠죠. 이를 현금주의(cash basis)라고 합니다. 치킨집의 매출·비용 처리와 같은 방법이죠. 더 쉬운 예로는 어린 시절 용돈기입장이나 알뜰한 가계부를 생각하시면 됩니다.

용돈기입장을 생각해보죠. 편의상 기간을 0, 1, 2, 3기로 하겠습니다. 0기에 내 돈 5,000원과 동생 돈 5,000원을 합쳐 10,000원을 모았습니다. 그러면 자본금 10,000원이 생긴 것입니다. 이어 1기에 10,000원으로 구두솔과 구두약을 샀습니다. 그리고 2기에 아버지 구두를 깨끗하게 닦았고 아버지께서는 잘했다며 3기에 용돈으로 15,000원을 주시겠다고 약속했습니다. 3기가 됐고 아버지께서 약속대로 15,000원을 주셨습니다. 이를 손익계산서로 표현해보죠. 손익계산서상 1기엔 10,000원의 비용이 발생했지만 벌어들인 돈이 없으니 그대로 10,000원의 적자가 기록됩니다. 실질적인 경제활동이 이뤄진 2기엔 아무 기록도 없고, 3기에 15,000원의 매출이 발생해 그만큼 흑자를 기록하게 됩니다.

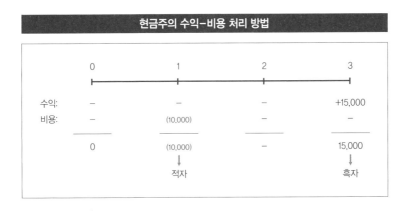

만약 이러한 방식으로 대기업이 손익계산서를 작성한다고 해보죠. 어느 해엔 10조 원의 적자가, 차후에 15조 원의 이익이 발생해버리게 됩니다. 기간 별로 이익과 손실이 들쭉날쭉하게 돼 의미가 있는 재무정보로서 전혀 기능을 하지 못합니다. 이 같은 치명적 단점 때문에 직관적이고 이해가 쉽다는 장점에도 IFRS와 GAAP 모두 현금주의를 쓰지 않습니다.

발생주의와 대응원칙

현금주의를 대신해 쓰이는 것이 발생주의(accrual method)입니다. '매출이 발생했다. 당기에 매출을 인식했다'라는 식의 표현을 들어보셨을 겁니다. 이는 현금이 드나드는 것과 상관없이 특정 조건을 충족하면 매출이 '발생'했다고 보고 손익계산서에 '인식'하기 때문에 나온 표현입니다. 여기서 말한 특정 조건은 2가지입니다.

가장 먼저, 금액(amount)이 합리적으로 측정 가능해야 합니다(reasonably estimated). 두 번째는 의무(obligation)를 상당히 이행했는지(substantially completed) 살펴야 합니다. 각각을 영어 표현으로는 realizable, earned라고 합니다. 쉽게 풀어 쓰면, 돈 받을 게 확실하고 그 돈을 받아도 될 만큼 기업이 해야 할 의무를 다해 제품을 만들어 넘기거나 서비스를 이행했다면 그 시점에 매출로 볼 수 있다는 것입니다. 제조업체는 통상 제품을 만들어 선적(delivery)할 때 매출로 잡습니다. 제품 구매자로부터 제품을 받으면 일정 기간 뒤 대금을 결제하겠단 약속을 받았기 때문에 첫 번째 조건을 만족합니다. 또 제품을 잘 만들어 배에 실어 보내는 단계라면 제조업체가 할 일은 다 했다고 보는 것입니다. 모든 기업은 사업보고서에 위 두 가지 조건을 토대로 자사가 매출을 언제, 어떤 조건에서 인식하는지를 밝힙니다. 따라서 매출의 인식 방법 자체는 투자자가 신경 쓸 필요는 없습니다.

문제는 비용입니다. 발생주의가 매출을 인식하는 기본 원칙이라면 비용을 인식하는 회계 원리도 존재합니다. 그게 바로 대응원칙(matching concept)입니다. 매출이 발생하면 그때 그 매출을 발생하는 데 소요된 모든 비용을 합해서 대응해 인식하도록 하는 것입니다. 앞서 아버지 구두를 열심히 닦은 사례를 발생주의와 대응원칙 맞춰 다시 손익계산서로 작성해보겠습니다. 매출은 언제 인식될까요? 매출의 두 가지 기본 원칙을 기억해야 합니다. 2기에 아버지께서 15,000원을 주시겠다고 약속을 했습니다. 정확한 금액이 나왔으니 첫 번째 조건을 충족합니다. 열심히 구두를 닦아놨으므로 내가 해야 할 의무도 다했습니다. 두 번째 조건도 만족합니다. 때문에 2기에 매출 15,000원이 잡힙니다. 다음은 비용 차례입니다. 비용은 대응원칙에 따릅니다. 매출 15,000원이 잡힌 2기에 그 매출이 발생하기까지 들어간 지출이 모두 비용으로 잡힙니다. 실제 원재료를 사는 데 10,000원을 쓴 건 1기지만 대응원칙에 따라 2기에 비용으로 잡힙니다. 종합하면 2기에 매출 15,000원과 비용 10,000원이 인식되면서 이익 5,000원이 남게 됩니다.

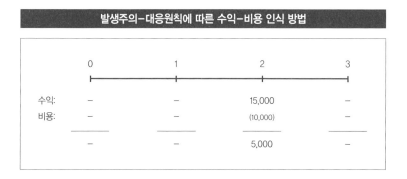

실제 현금이 드나든 것과는 상관없이 돈이 될 가능성과 의무 완

수 여부를 통해 매출을 인식하고 비용은 그에 대응해 처리하는 것입니다. 이렇게 되면 매출과 비용이 다른 기간에 잡히면서 발생하는 혼란을 방지할 수 있습니다. 무엇보다 정확히 얼마를 벌어 얼마를 남겼는지도 알 수 있습니다.

손익계산서에 비용이 매출원가(COGs - cost of goods sold)와 판매비·관리비(판관비 - SG&A - Selling General & Administrative Expense)로 나뉜 이유가 바로 이 대응·원칙 때문입니다. 매출원가의 영어 표현을 다시 보실까요? 제품(goods)를 파는(sold) 데 들어간 비용입니다. 즉, 그 매출을 일으키는 데 들어간 직접적으로 대응되는 비용을 가리킵니다. 판관비는 그렇지 않은 간접적인 비용들입니다. 똑같은 인건비라도 이 때문에 다르게 분류됩니다. 택시회사가 택시운전 기사에게 지급하는 인건비는 매출을 일으키는 데 직접적으로 연관되는 비용이기 때문에 매출원가입니다. 그렇지만 택시회사 사장의 차량을 운전하는 기사 인건비는 본업의 매출 발생과 관련이 없기 때문에 판관비로 잡힙니다.

SK하이닉스의 손익계산서를 보면 매출원가와 판관비 모두에 인건비가 잡혀 있습니다. 매출원가에 있는 인건비는 반도체 생산에 직접적으로 관련이 있는 직원들에게 지급한 인건비입니다. 판관비에 속한 인건비는 인사팀, 재무팀, 법무팀 등 백오피스 인력들에게 지급된 금액입니다. 당연히 매출원가의 인건비 규모가 월등히 큽니다. 실제 SK하이닉스 사업보고서의 주석을 보면 판관비 세부 내역과 '비용의 성격별 분류'가 나란히 나와 있습니다. 판관비 세부 내역을 보면 인건비가 8,300억 원가량입니다. SK하이닉스의 직원 규모와 수준을 감안하면 굉장히 적은 금액입니다. 말씀드린 대로 재무팀이나 법무팀 등 회사 업무 지원을 담당하는 백오피스 직원들에게 지급하는 급여이기 때문입니다.

중요한 건 그 바로 아래 주석에 공시된 비용의 성격별 분류입니다. 여기를 보면 '성격별 비용에 대한 기술 – 연결포괄손익계산서상의 매출원가와 판매비와 관리비를 합산한 금액입니다'라고 설명이 돼

SK하이닉스 비용의 성격별분류

DART 🔲 SK하이닉스

| 본문 | 2024.03.19 사업보고서 | ∨ | 첨부 | +첨부선택+ | ∨ |

문서목차

- 25. 매출액 (연결)
- 26. 판매비와관리비 (연결)
- 27. 비용의 성격별 분류 (연결)
- 28. 금융수익 및 금융비용 (
- 29. 기타영업외수익과 기타
- 30. 법인세비용(수익) (연결)
- 31. 주당이익 (연결)
- 32. 특수관계자 및 대규모기
- 33. 우발부채와 약정사항 (
- 34. 현금흐름표 (연결)
- 35. 주식기준보상 (연결)
- ☑ 4. 재무제표
  - 4-1. 재무상태표
  - 4-2. 포괄손익계산서
  - 4-3. 자본변동표
  - 4-4. 현금흐름표
- ☑ 5. 재무제표 주석

당기   (단위 : 백만원)

	공시금액
제품 및 재공품의 변동	1,769,061
원재료, 저장품 및 소모품 사용	9,547,151
종업원급여	5,406,915
감가상각비 등	13,619,161
지급수수료	3,133,975
동력 및 수도광열비	2,563,624
수선비	1,763,270
외주가공비	1,496,271
기타영업비용	1,534,757
대체: 개발비자산화 등	(338,153)
합계	40,496,032

성격별 비용에 대한 기술
연결포괄손익계산서상의 매출원가와 판매비, 관리비를 합산한 금액

있습니다. 때문에 여기에 공시된 금액에서 앞서 계산한 판관비의 인건비를 빼주면 매출원가의 인건비를 알 수 있습니다. 총급여가 5조 4,000억 원가량이니깐, 판관비 급여(8,300억 원)를 빼주면 4조 5,700억 원 정도가 SK하이닉스의 반도체 생산에 직접 관여한 직원들의 급여라는 걸 알 수 있습니다. 상당한 금액입니다.

그런가 하면 매출이 발생한 이후 쓰이는 비용도 판관비로 분류합니다. 화장품 제조사를 생각해보죠. 화장품이란 제품을 만드는 데 들어가는 원재료 구입비, 생산비 등은 매출원가로 잡힙니다. 그런데 화장품 제조사의 큰 비용 중 하나는 광고비입니다. 이 광고비는 판관비에 들어가 있습니다. 판매를 촉진하기 위한 비용이지 제품 생산에 직접 들어가는 돈은 아니기 때문입니다. 다만 비용을 이렇게 분류하는 것에는 똑부러지는 기준이 있는 것은 아닙니다. 연예기획사를 생각해보죠. 소속 연예인 활동을 지원하는 매니저 고용 비용이나 방송 촬영을 위한 미용·메이크업 비용은 어디에 해당할까요? 큰 이견 없이 매출원가로 잡을 것입니다. 그렇다면 기획사가 연예인들에게 입힐 목적으로 아주 고가의 명품 옷을 구매했다면, 그 비용은 어떻게 처리해야 할까요? 명품 옷을 통한 고급스러운 이미지 형성과 대외 관계 개선이란 효과가 있고, 이는 연예인 활동에 직접적으로 도움이 되니 매출원가로 분류하는 게 맞다고 할 수 있습니다. 한편으로는 명품 옷 구매가 매출에 직접적으로 기여하는 것이 불분명하니 판관비로 봐야 한다고 주장할 수 있습니다.

어느 쪽이든 나름의 논리와 근거가 있기 마련입니다. IFRS는 기업의 판단을 중시한다고 말씀드렸습니다. 따라서 기업이 결정을 하면 됩니다. 단 그러한 결정을 내린 근거를 명확하게 밝히면 됩니다. 물론 이 같은 견해 차이 때문에 회사와 회계법인 간 갈등과 다툼이 일기도 합니다.

지금 이 장에서 중요한 건 손익계산서상 비용은 대응원칙에 따른 것이란 점입니다. 그 대응원칙 때문에 매출원가와 판관비로 나눈다는 것은 자금의 흐름을 이해하기 위해 반드시 알아야 할 기초 개념입니다. 다만 이러한 기능적 분류는 투자자가 궁극적으로 원하는 재무 분석 목적상으론 별 도움이 되지 않습니다. 6장에서 비용의 성격별 분류를 통해 투자자 관점에서 손익 분석을 하는 방법과 SK하이닉스의 인건비 구분도 훨씬 더 자세하게 설명하겠습니다. 지금은 일단 각각의 개념을 넓은 시야에서 정확히 숙지하고 이해하는 것이 중요합니다.

손익계산서가 재무상태표에 미치는 영향

매출과 비용을 손익계산서에 인식하는 기본 원리인 발생주의와 대응원칙은 손익이라는 재무정보를 투자자에게 안정적이고 의미 있게 전달할 수 있도록 합니다. 하지만 실제 현금이 드나드는 것과는 시차가 존재할 수밖에 없습니다. 앞서 언급한 아버지 구두닦이 예를 보면, 손익계산서상 매출은 2기에 발생합니다. 비용 역시 그에 대응해 2기에 반영하게 됩니다. 결과적으로 2기에 순이익 5,000원이 남습니다. 하지만 실제 10,000원의 현금이 나간 것은 1기입니다. 15,000원의 현금이 들어온 것은 3기죠. 문제는 2기에 순이익 5,000원이 재무상태표 자본의 이익잉여금으로 옮겨지면서 발생합니다. 앞서 2장에서 살펴본 재무상태표의 항등식(자산=부채+자본)을 기억하고 계시나요. 자본이 5,000원이 늘었으므로 부채가 5,000원 감소하든가 자산이 5,000원 늘어야 항등식이 성립합니다. 회계 기본 원리에 따라 2기에 회계적 매출과 비용을 인식했지만 실제 현금 유·출입 차이에 따라 재무상태표와 손익계산서에 어긋남이 발생하는 것입니다.

이를 조정하는 방법은 두 가지로 나눠서 살펴볼 수 있습니다. 먼저 돈이 들어오는 쪽에서 생각할 수 있습니다. 즉, 현금 유입이 매출과 어긋나면서 발생하게 되는 불일치입니다. 두 번째는 돈이 나가는 측면에서 생각할 수 있습니다. 실제 현금 지출이 장부상 비용처리와 다른 시점에 발생한 데서 오는 조정 필요성입니다. 이를 이해하면 왜 재무상태표 자산에 매출채권 같은 항목이 존재하는지 쉽게 납득할 수 있습니다. 또 부채에는 빌린 돈(금융부채) 외에 어째서 영업부채 계정들이 있는지도 알 수 있습니다.

재무제표에 이유 없이 존재하는 계정은 없습니다. 그런데 그 많은 계정들을 무턱대고 일일이 기계적으로 외운다고 재무 분석이 될까요? 기초·기본 원리를 확실히 이해한 뒤 각 계정을 파고들어야 제대로 이해를 할 수 있고 올바른 분석을 할 수 있습니다.

현금 유입 시점에 따른 영향

현금이 매출보다 먼저 들어온 경우: 조선사, 이마트

조선업체의 경우 배를 수주하게 되면 보통 수주금액의 10~15% 가량을 계약금으로 받습니다. 워낙 수주 규모가 크기 때문에 계약금이 수백~수천억 원인 경우가 많습니다. 만약 2조 원짜리 수주를 따오면서 계약금 2,000억 원을 받았다고 해보죠. 일단 재무상태표 자산의 현금이 2,000억 원만큼 증가합니다. 내 손에 들어온 현금이란 건 확실하니까요. 이제 손익계산서로 넘어가 보죠. 계약금 2,000억을 매출로 볼 수 있을까요? 매출의 두 가지 조건을 떠올려 봅시다. 금액을 합리적으로 추정 가능한지(realizable)와 의무를 다했는지(earned)입니다. 이미 2,000억이란 현금이 들어와 있기 때문에 금액은 합리적으로 측정 가능합니다. 첫 번째 조건은 만족합니다.

문제는 두 번째 조건입니다. 조선사는 배를 만들어 주기로 약속을 하고 돈을 받아온 것이지 아직 배를 만들어 넘긴 것은 아닙니다. 계약대로 배를 열심히 잘 만들어 발주처에 넘겨야 할 의무가 있습니다. 때문에 매출을 잡을 수 없고 자연히 손익계산서엔 아무 영

재무상태표(BS)		손익계산서(IS)
자산(asset)	부채(liability)	
현금 2000 (계약금)	선수수익 2000	영향없음
	자본(equity)	
	영향없음	

- 자산에 현금 2000 증가, 부채에 선수수익 2000 증가
- 항등식(자산=부채+자본) 만족

향이 없습니다. '의무'라는 개념이 나왔습니다. 재무상태표에서 의무
는 부채를 의미합니다. 이 의무 개념의 부채가 바로 영업부채입니다.
조선사의 경우 당장 2,000억을 받았으므로 재무상태표 자산의 현
금이 2,000억 증가합니다. 그와 동시에 반대쪽인 부채에 선수수익
(unearned revenue) 2,000억이 잡힙니다. 영어 표현대로 하면, 아직
일을 하지 않고 번 돈이란 뜻입니다. 이제 자산(현금) 2,000억 증가
와 부채(선수수익) 2,000억 증가로 항등식을 충족합니다.

이 2,000억의 부채는 실제 조선사가 배를 열심히 잘 만들어 발주
처에 넘겨 매출로 잡게 되면 소거됩니다. 건설사 역시 조선사처럼 수
주 계약을 통해 본업을 영위하는 구조는 같습니다. 때문에 적지 않
은 선수수익이 잡혀 있습니다.

대형 마트의 상품권 판매금액 역시 동일한 원리가 적용됩니다. 대형 마트가 명절을 앞두고 오늘 하루 10억만큼 상품권을 팔았다고 해보죠. 고객이 현금으로 지불했다면 당장 오늘 돈이 쌓일 것이고 카드로 구매했다고 해도 2~3일이면 현금화돼 들어옵니다. 거의 즉시 재무상태표 자산에 현금 10만 원이 증가하는 셈입니다. 하지만 대형 마트는 상품권을 팔았다고 해서 소비자에게 제공해야 할 의무를 끝마친 것이 아닙니다. 그 상품권으로 소비자가 원하는 재화를 구입하거나 서비스를 이용하고자 하면 이를 충실히 제공해야 할 의무가 있습니다. 그런데 소비자가 대체 언제 재화를 구입하고 서비스를 이용할지 알 수 없습니다. 그래서 대형 마트의 상품권 판매금은 일단 재무상태표의 부채로 잡힙니다. 이후 소비자가 재화를 구입하거나 서비스를 이용하면서 상품권을 사용하면 마침내 그때야 매출

이마트 상품권

DART▷ ▣ 이마트 ▣

본문 2023.03.21 사업보고서 ∨   첨부 +첨부선택+ ∨

문서목차				
— 6. 주요계약 및 연구개발활동	기타비유동자산	95,722,862,909	62,122,239,571	40,182,914,366
— 7. 기타 참고사항	자산 총계	33,201,721,508,714	31,242,082,400,946	22,340,423,719,351
☑ III. 재무에 관한 사항	부채			
— 1. 요약재무정보	유동부채	9,941,710,322,988	9,816,971,044,837	5,988,152,922,316
— 2. 연결재무제표	매입채무 및 기타지급채무	3,079,093,155,694	2,804,201,643,362	2,315,967,897,198
— 3. 연결재무제표 주석	초과청구공사	84,803,954,324	86,938,488,178	98,307,411,383
— 4. 재무제표	단기차입금	2,662,626,894,411	2,566,131,979,504	1,199,235,847,185
— 5. 재무제표 주석	단기파생상품부채	471,215,897	1,266,112,995	25,074,400,795
— 6. 배당에 관한 사항	상품권	1,317,184,248,895	1,197,427,264,756	1,012,385,654,638
— 7. 증권의 발행을 통한 자금조달	미지급법인세	286,051,239,373	328,699,991,920	194,960,436,724
— 8. 기타 재무에 관한 사항	기타단기금융부채	1,764,879,080,301	1,818,446,037,479	911,576,495,075
IV. 이사의 경영진단 및 분석의견	기타유동부채	746,600,534,093	1,013,859,526,643	230,644,779,318
☑ V. 회계감사인의 감사의견 등				
— 1. 외부감사에 관한 사항				

로 잡습니다. 이마트 재무제표를 보면 부채에 상품권 계정으로 1조원이 넘는 막대한 금액이 잡혀 있는 걸 볼 수 있습니다. 상품권을 판매해서 번 돈이지만 아직 매출로는 잡히지 않은 금액입니다. 언젠가는 매출로 기록이 될 것이고, 일부는 고객이 깜빡 잊고 쓰지 않아서 상품권 판매 금액이 그대로 이익으로 남을 수도 있습니다. 아주 좋은 부채죠.

그런가 하면 한미약품 등 신약 개발에 열심인 국내 제약회사가 외국계 대형 제약사에 기술수출(라이선스 아웃)을 했다는 이야기를 들어보셨을 것입니다. 라이선스 아웃은 어떤 제약회사가 신약 연구개발(R&D)이 상당 부분 진척된 상황에서 현재까지의 연구개발 성과를 다른 글로벌 대형 제약사에 넘기는 것입니다. 대신 상당한 금전적 대가를 지불 받으며, 최종 개발에 성공해 판매에 들어가면 매출 일부를 나눠 갖기도 합니다. 그렇다면 이러한 라이선스 아웃 계약을 맺을 때 받는 선급금을 생각해보죠. 국내 제약회사 입장에서 적지 않은 금액이 일단 손에 들어왔습니다. 하지만 기술 이전은 이제부터 시작이죠. 해야 할 의무가 남아 있습니다. 따라서 라이선스 아웃에서 받은 일부 선급금은 부채에 가 꽂혀 있는 경우가 있습니다. 참고로, 라이선스 아웃을 하는 이유는 서로에게 도움이 되기 때문입니다. 일반적으로 신약 개발은 상당히 오래 걸리고 비용도 많이 들뿐더러 무엇보다 성공 가능성이 상당히 낮습니다. 그래서 라이선스 아웃을 하는 제약회사는 앞으로 들어갈 비용과 시간을 아낄 수 있습니다. 동시에 글로벌 대형 제약회사는 초기 개발 단계는 건너뛰고 우수한 자금력과 기술력을 남은 연구개발 단계에 집중시킴으로써 최종 성공 가능성을 높일 수 있습니다.

지금까지는 실제 현금 유입이 회계상 매출 인식보다 앞선 경우를 말씀드렸습니다. 그리고 이 경우 선수수익처럼 부채로 계상된다는 것도 설명했습니다. 그럼 선수수익으로 발생한 부채의 의미를 한번 생각해보죠. 조선사 재무제표에 선수수익이 많다는 건 그만큼 수주를 잘하고 있다는 뜻입니다. 혹은 발주처가 계약금을 더 많이 줬다는 의미죠. 어느 쪽이든 조선사 입장에선 환영할 일입니다. 이미 현금은 내 수중에 들어와 있는 데다 차질 없이 의무를 이행해 완료하면, 즉 배를 잘 만들어 무사히 넘기면 매출 증대로 이어질 것이니까요. 대형 마트 역시 선수수익과 같은 개념의 상품권 판매금액이 많이 잡힐수록 좋은 일입니다. 상품권을 다시 현금으로 바꾸는 경우는 거의 없습니다. 결국 상품권을 사 간 소비자는 그 금액만큼 해당 대형 마트에서 쓸 것입니다. 잡은 고기나 다름없죠. 일부 소비자는 깜빡 잊고 상품권을 사용하지 않는 경우도 있습니다. 그러면 상품권 판매금액은 고스란히 마트의 이익이 됩니다.

그런데 선수수익, 상품권 판매대금은 회계상 부채입니다. 때문에 선수수익이 늘어나면 부채가 증가합니다. 만약 선수수익 때문에 부채가 증가한 것을 모른 채 덮어놓고 부채비율이나 부채 규모가 증가

SK온 주요 재무지표(단위: 억원)

구분	2021. 12	2022. 12	2023. 12	2024. 03
총차입금	45,390	108,151	166,258	190,496
현금 및 장단기 금융 상품	16,344	35,350	36,748	34,579
순차입금	29,046	72,801	129,511	155,917
단기성 차입금 비중(%)	12.4	52.7	51.5	45.6
부채비율(%)	166.4	258.1	190.0	188.2
차입금 의존도(%)	41.3	50.9	50.0	53.0

자료: 공시자료

했으니 그 기업의 재무상태가 불안정해졌다고 결론 내리면 완전히 잘못된 판단입니다. 무디스 등 신용평가사는 선수수익 같은 양질의 부채를 위험 요소에서 배제하기 위해 단순 부채비율은 사용하지 않습니다. 대신 금융부채(debt)를 재무안정성을 평가할 때 사용합니다. 아래는 무디스의 한국 합작법인인 한국신용평가가 SK온의 재무안 정성을 평가한 여러 지표입니다. 부채비율은 2022년을 정점으로 하 락하고 있는 걸 볼 수 있습니다. 하지만 다른 지표들은 재무안정성 이 악화되는 것을 보여주고 있습니다.

거듭 강조하지만 빚은 부채가 맞지만 모든 부채가 빚은 아닙니다. 부채를 의무라고 확실히 인지하고 있어야 비로소 재무제표가 읽히 기 시작합니다.

선수수익은 회계 원리를 이해하는 데 좋은 계정이지만 실제 분석이나 언론 기사에 중요하게 다뤄지지는 않습니다. 선수수익을 통해 조선사나 건설사가 얼마나 수주를 잘하고 있는지 가늠할 수 있습니다. 하지만 회사는 수주를 따낼 때마다 공시와 언론보도를 통해 적극적으로 사실을 알립니다. 선수수익을 투자 포인트로 삼는다면 한참 뒤처지는 꼴입니다. 다만 이 선수수익이 잠깐 언론 기사에 많이 언급된 적이 있습니다. 바로 게임업체 위메이드의 2021년 손익계산서입니다. 당시 위메이드는 매출을 5,607억 원이라고 최초 공시했다가 3,373억 원으로, 무려 2,200억 원이나 깎아서 수정 공시했습니다. 위메이드는 암호화폐를 유동화한 금액, 즉 암호화폐를 내다 판 금액을 매출로 처리했습니다. 하지만 자신들이 발행한 암호화폐를 팔아서 번 돈을 매출로 볼 수 있느냐는 논란이 일었습니다. 그러자 암호화폐 판매금액을 선수수익으로 바꿔서 처리했습니다. 앞서 설명할 때 언급한 대형마트의 상품권 판매금액 처리와 똑같은 논리입니다. 어떤 대형마트가 자체 상품권을 마구 찍어낸 뒤 대규모 할인 판매를 했다고 해보죠. 그리고 이렇게 벌어들인 돈을 매출로 공시한다면 실체가 없는 돈벌이를 회계처리한 것이나 다름없습니다. 위메이드로 인해 암호화폐 판매금의 회계처리를 놓고 논란이 이어지자 2023년 금융당국은 암호화폐 판매금에 대해 상품권과 같은 회계원칙을 적용해야 한다고 결론 내렸습니다. 즉, 암호화폐 발행으로 당장 현금이 들어왔더라도 이용자가 이를 이용해 실제 위메이드의 서비스를 이용할 때까지는 매출이 아닌 선수수익으로 잡도록 한 것입니다. 이 역시 '의무' 완수 여부라는 회계적 원칙에 따른 것입니다.

현금이 매출 인식보다 늦게 들어오는 경우

반대로 받을 돈은 확실시되고 제품을 잘 만들어 넘겼기 때문에 손익계산서상 매출로 잡았지만 아직 실제 현금이 들어오지 않은 경우도 있습니다. 앞선 구두닦이의 예에서, 매출은 2기에 잡혔지만 실제 현금 15,000원은 3기에 들어온 것처럼 말입니다. 그렇다면 재무상태표는 어떤 모양이 될까요. 이미 2기에 매출로 인식할 수 있는 두 가지 조건은 충족했기 때문에 비용까지 대응해 빼주면 순이익이 남습니다. 이는 재무상태표 자본의 이익잉여금 증가로 이어집니다. 항등식을 만족하려면 자산이 늘거나 부채가 감소해야 합니다.

먼저 부채 쪽을 생각해보죠. 매출로 잡았다는 것은 기업이 해야할 의무를 완수했다는 것을 뜻합니다. 부채와는 무관합니다. 그럼 자산으로 넘어가 보죠. 미래 경제적 이익이 확실시되고, 그 금액이 합리적으로 측정할 수 있으면 자산으로 볼 수 있습니다. 이 경우 두 가지 모두를 충족합니다. 아버지께서 주신다고 약속한 데다(첫 번째 조건), 받을 금액이 15,000원으로 명확합니다(두 번째 조건). 결론적으로 재무상태표 자산에 15,000원을 넣을 수 있습니다. 그 계정이 바로 매출채권(Account Receivable)입니다. 앞으로 내가 받을 돈이 얼마만큼 확실히 있다면, 그것이 바로 매출채권입니다.

기업활동은 개인의 중고거래와 같을 수 없습니다. 물건이 들어왔다고 바로 현금을 주고받지 않죠. 그럴 수도 없고요. 매출채권은 그 규모가 상당합니다. 분석할 때 중요할 수밖에 없습니다. 또 매출채권이 얼마나 실제로 현금화가 되는지도 중요합니다. 즉 돈을 주겠다는 거래 상대방이 약속대로 입금을 하는지를 잘 살펴야 한다는 것입니다. 이에 대해선 5장에서 구체적인 자산 분석을 하면서 상세히 다루겠습니다.

현금 유출 시점에 따른 영향

지금까지는 돈이 들어오는 관점에서 바라봤습니다. 즉, 현금 유입과 매출 인식 간 시차에 따른 차이가 만들어낸 회계 원리를 설명했습니다. 이번에는 반대로 돈이 나가는 측면에서 살펴보겠습니다. 실제 현금이 빠져나가는 시점이 회계적인 비용 반영 시점과 차이가 나게 되면 재무상태표에 영향을 미치게 됩니다.

현금 유출이 비용 인식보다 느린 경우: 현대차가 충당부채를 쌓는 이유

현대차 재무상태표를 보시죠. 부채 항목에 '충당부채'가 있습니다. 유동(단기), 비유동(장기)을 모두 합치면 적지 않은 금액입니다. 제법 중요한 계정이라 할 수 있습니다. 주석을 보면 이 충당부채를 친절히 설명을 해놨습니다. 하나씩 뜯어보겠습니다.

일단 두 번째 문단을 보면 충당부채는 무상보증 기간 내 차량의 하자나 고장으로 인해 회사가 비용을 부담할 것으로 추정되는 금액

이란 걸 알 수 있습니다. 새 차를 사 본 분들이라면 아시겠지만, 자동차 회사마다 일정 기간 무상보증을 약속합니다. 그 기간 안에 고장이 나거나 문제가 생기면 공짜로 고쳐주거나 아예 새 차로 교환을 해준다는 겁니다. 그 비용은 앞으로 발생을 할 수도 있고 고장이 전혀 나지 않는다면 전혀 발생하지 않을 수도 있습니다. 또 얼마나 많은 비용이 들지도 알 수 없습니다. 그런데 왜 그 비용을 미리 추정해서 부채로 잡아놓는 것일까요. 다시 주석으로 돌아가서 살펴보면 힌트를 얻을 수 있습니다.

충당부채 설정을 '매출시점'에 한다고 밝혔습니다. 매출과 비용을 장부에 인식하는 원칙 기억하시죠? 비용은 매출에 대응해 인식해야 한다고 말씀드렸습니다. 매출은 자동차를 파는 시점에 발생합니다. 자동차 가격은 명시돼 있으니 매출 인식의 첫 번째 조건을 만족합니다. 고객이 차값을 지불했거나 할부계약 등을 통해 지불하겠다고 약속을 했으니 두 번째 조건 역시 만족합니다. 매출을 인식했으면 그 매출을 일으키는데 소요된 인건비, 원자재비, 운송비 등의 비용은 그에 대응해 손익계산서에 인식하면 됩니다.

문제는 약속한 무상수리 기간 내 발생할지도 모를 수리비입니다. 한 자동차 회사가 3년 무상수리 보증했다고 해보죠. 2023년 자동차 한 대를 2,000만 원에 팔았고 그에 들어간 원가는 1,500만 원입니다. 그러면 이익은 500만 원이 남습니다. 그런데 고객이 구매한 자동차가 2025년 문제를 일으켜 무상수리를 받았습니다. 회사가 부담한 무상수리 비용은 200만 원입니다. 매출은 2023년에 발생했는데 200만 원이란 수리비용은 2025년에 나가게 됩니다. 만약 비용을 2025년에 인식하게 되면 매출과 비용의 대응원칙에 위배됩니다.

겨우 200만 원 갖고 꼭 그렇게 빡빡하게 원칙을 지켜야 하냐고 반문하실 수도 있습니다. 만약 내가 자동차 회사 경영진인데 2023년 회사를 매각할 예정이라고 해보죠. 당연히 매각을 앞두고 실적이 중요합니다. 그래야 더 높은 금액을 받을 수 있을 테니까요. 그러려면 자동차를 많이 팔아야 합니다. 엄청나게 싸게 엉터리로 자동차를 만든 뒤 외관만 그럴듯하게 해서 2023년 대대적인 프로모션을 합니다. 역대급 판매량과 매출, 이익을 기록하게 됩니다.

그런데 엉터리 자동차니깐 이듬해부터 하자수리 요청이 물밀듯이 들어올 겁니다. 회사가 부담해야 하는 비용이 폭발적으로 늘겠죠. 2023년엔 역대급 흑자를, 이듬해부터는 어마어마한 손실을 보게 됩니다. 2023년 실적을 보고 이 회사에 투자를 했다면 악몽 같은 날들을 겪을 것입니다. 매출-비용 대응원칙은 이 같은 회계 부정을 막는 기초 장치입니다.

매출-비용 대응 원칙을 지키기 위해 자동차 회사는 차 한 대를 팔 때마다 예상되는 보증비용을 책정합니다. 현대차는 보증기간과 과거 경험을 기초로 보증비용을 추정한다고 설명하고 있습니다. 예전엔 얼마나 실제 비용이 들었는지를 보고 앞으로도 이 정도는 발생할 것이라고 예측하는 것입니다. 그렇게 추정한 보증비용을 차를 팔 때마다 매출에 대응해 비용으로 인식합니다.

그런데 이대로 끝내면 문제가 발생합니다. 보증비용은 미래 발생할지도 모를 비용입니다. 현 시점에서 실제 현금이 빠져나간 것은 아닙니다. 재무상태표 자산의 현금 항목에는 변동이 없죠. 그러니 손익계산서에 반영된 보증비용 만큼 순이익이 줄고, 이어서 자본의 이익잉여금도 감소하면 항등식이 충족하지 않습니다. 여기서 '부채는

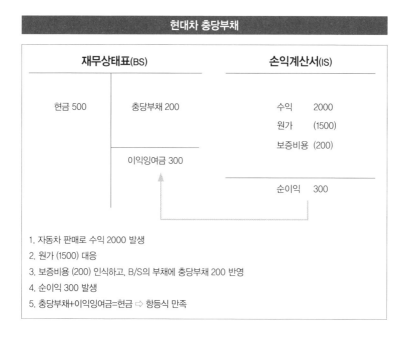

현대차 충당부채

재무상태표(BS)		손익계산서(IS)	
현금 500	충당부채 200	수익	2000
		원가	(1500)
		보증비용	(200)
	이익잉여금 300		
		순이익	300

1. 자동차 판매로 수익 2000 발생
2. 원가 (1500) 대응
3. 보증비용 (200) 인식하고, B/S의 부채에 충당부채 200 반영
4. 순이익 300 발생
5. 충당부채+이익잉여금=현금 ⇨ 항등식 만족

의무'란 개념을 떠올리셔야 합니다. 자동차 회사는 무상수리 보증기간 내 고객이 자동차를 고쳐달라고 하면 공짜로 고쳐줘야 할 의무가 있습니다. 그렇게 하겠다고 약속했습니다. 때문에 손익계산서의 무상수리 비용만큼을 재무상태표에선 부채에 충당부채로 잡는 것입니다.

그럼 만약 2025년에 실제 200만 원의 무상수리 비용이 발생하면 어떻게 될까요. 일단 재무상태표 자산의 현금에서 200만 원이 감소합니다. 기업은 의무를 다했으므로 부채의 충당부채 200만 원도 사라집니다. 항등식을 충족합니다. 무상수리 비용이 발생하지 않는다면 부채의 충당부채는 없어집니다. 그리고 그만큼이 2025년 손익계산서의 이익으로 들어갑니다. 이걸 '환입됐다'라고 표현합니다. 2023년에 잘한 성과가 2025년에야 장부에 반영이 되는 것입니다. 회계는 보수적입니다. 비용을 나중에 반영하면 현재의 투자자들이 손해를 볼 수 있습니다. 이익이 나중에 반영되면 적어도 현재의 투자자들이 손해를 보진 않습니다.

자동차의 보증비용을 통해 충당부채의 개념과 원리를 이해했습니다. 그럼 충당부채가 어떤 의미를 갖고 있고 어떻게 봐야 하는지 생각해보죠. 보증비용은 자동차 회사뿐 아니라 거의 모든 제조업체들이 반영하고 있습니다. 보증비용은 앞으로 발생할 수도 있는 비용이기 때문에 기업의 예측과 추정이 많이 개입합니다. 앞으로 얼마의 비용이 들지 계산하기 나름이죠. 때문에 보증 비용으로 인한 충당부채가 많이 증가한다는 것은 회사가 자사 제품에 대한 확신이 떨어진다는 신호로 여겨지기도 합니다. 제품에 대해 가장 잘 아는 건 누가 뭐래도 그 물건을 만든 회사입니다. 그런데 제품에 뭔가 문제가 많아서 앞으로 수리 비용이나 교체 비용이 많이 들어갈 것 같으니 보증비용을 늘렸고 이 때문에 부채의 충당부채 금액이 증가한 것 아니냐는 해석입니다.

재무적으로도 충당부채는 적지 않은 영향을 미칩니다. 어떤 기업이 올해 충당부채를 굉장히 많이 잡았다면 그해 이익은 감소합니다. 그런데 차후 실제로 비용이 발생하지 않는다면 이듬해부터 순차적으로 이 비용들이 이익으로 돌아오게 됩니다. 환입 효과에 따라 이익이 개선됩니다. 만약 내년 이사회에서 사장의 임기 연장을 결정한다고 해보죠. 올해 이익이 100억 원으로 예상되는데 내년에는 업황이 썩 좋지 않아서 100억 원으로 제자리걸음을 할 것으로 예상되는 상황입니다. 사장 입장에선 자리를 유지하려면 올해보다는 내년에 이익이 뛰어야 합니다. 물론 더 열심히 경영을 잘해서 이익이 올라가는 것이 최선입니다. 하지만 그건 그렇게 쉽게 될 수 없는 일입니다.

이때 보증비용을 이용할 수 있습니다. 올해 보증비용을 20억만큼 늘려서 이익을 인위적으로 80억으로 떨어뜨립니다. 그리고 이 20억은 내년 환입되도록 합니다. 그러면 내년에 예상대로 업황이 부진해 본업에서 벌어들인 이익이 100억 원에 그치더라도 20억의 환입 효과 때문에 120억이 됩니다. 2년 연속 100억 원으로 횡보했을 이익이, 보증비용 조정 때문에 80억에서 120억으로 50%나 껑충 뛰게됩니다. 만약 이를 모르고 올해 실적이 80억으로 부진하다고 이 회사 주식을 팔고, 이듬해 이익이 50% 급증했단 소식에 투자를 했다면 딱히 좋은 결과를 보지 못할 가능성이 큽니다. 다음은 현대차의 2022년과 2023년 영업이익입니다.

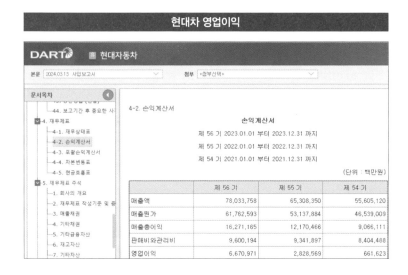

2022년에 비해 2023년 매출 증가에 비해 영업이익은 정말 크게 뛰었습니다. 하지만 2023년 실적이 발표된 직후 주가 반응은 미지근했죠. 왜 그럴까요. 현대차는 최근 몇 년 사이 막대한 충당부채를 쌓았습니다. 이는 곧 그만큼의 금액을 손익계산서의 보증비용으로 태웠다는 의미입니다. 특히 2022년 3분기엔 엔진 품질 관련 충당부채를 무려 1조 3,600억 원가량이나 쌓았습니다. 만약 현대차가 이때 충당부채를 이만큼 쌓지 않았다면 2022년 연간 영업이익은 최초로 10조 원을 넘었을 겁니다. 그런데 이듬해와 그 이듬해에도 실제 엔진 품질에 대형 악재가 발생하지 않았습니다. 대규모 리콜이나 무상 수리 사태는 없었죠.

앞서 설명한 것처럼, 미리 손익계산서에 비용으로 태우고 재무상태표에선 충당부채로 잡아놨던 돈이 환입돼 이익으로 들어오기 시작합니다. 그 덕분에 2023년 연간 실적은 껑충 뛸 수 있었던 것입니다. 실제 본업이 얼마나 잘 되었는지가 아니라 기업 경영진의 판단에 따라 실적 수치가 달라진 것입니다. 실제로는 2022년에 자동차가 잘 팔렸는데 그 이익이 2023년 장부에 반영된 일종의 착시 효과라고 할 수 있습니다.

따라서 이익이 부진하고 부채가 증가한 이유가 충당부채 때문이라면 덮어놓고 부정적으로 볼 수만은 없습니다. 경영진의 판단과 성향, 기업 안팎의 상황 등을 종합적으로 고려해 충당부채 증가 원인을 찾아야 합니다. 그리고 실제 그 충당부채가 차후 비용으로 인식될지, 아니면 별다른 탈 없이 몇 년 후 이익으로 환입돼 들어올지 따져봐야 합니다.

제조업의 보증비용 반영과 이에 따른 충당부채 변동과 약간은 다르지만, 은행의 대손충당금도 재무 분석 시각에선 똑같이 볼 수 있습니다. 2020년 코로나19가 터지자 미국의 대형은행들은 엄청난 규모의 대손충당금을 쌓았습니다. 코로나19 탓에 경기가 악화될 것으로 우려되는 상황이었고, 그렇게 되면 기업이 대출 이자를 연체하거나 아예 파산하면서 대출 회수가 불가능할 수 있다고 판단한 것이죠. 이에 따른 실적 충격을 완화하고자 충당금을 쌓아놨습니다. 그런데 2020년 실제 미국 경제는 아주 좋았습니다. IT붐을 타고 실리콘밸리를 중심으로 기업들이 호황을 누렸습니다. 은행들도 덩달아 신이 났습니다. 2020년 막대하게 쌓아둔 충당금이 2021년부터 고스란히 다시 이익으로 돌아오기 시작했습니다. 우려했던 경제 위기는 없었고, 실적도 껑충 뛰니 미국 대형 은행주들의 주가는 고공행진을 했습니다.

투자의 관점에서 볼까요. 2020년 코로나19와 그에 따른 은행들의 대손충당금 적립은 공표된 사실입니다. 동시에 미국 경제가 생각보다 아주 좋다는 것도 모두가 알고 있던 것이었습니다. 그렇다면 미국 은행들의 2020년 실적은 대손충당금 때문에 다소 낮게 나왔겠지만 2021년은 크게 개선될 것이란 걸 충분히 예측할 수 있습니다. 실제 JP모건의 주가를 보면 2020년 하반기부터 급상승하기 시작해 2021년까지 상승 흐름을 이어갑니다.

하지만 충당금 가운데서 매우 조심스럽게 접근해야 하는 것이 있습니다. 소송 비용 관련 충당부채입니다. 소송 결과에 따라 훗날 벌금이나 배상 등 예상되는 지출을 미리 잡아놓는 충당부채입니다. 지난 2017년 기아 사업보고서를 보면 갑자기 충당부채가 약 1조 원 늘었습니다. 손익계산서에도 1조 원의 비용이 갑자기 늘었습니다. 자연히 이익은 급감해 전년 대비 70% 이상 크게 줄었습니다. 이는 그해 8월 말 1심에서 상여금과 중식비를 통상임금으로 보고, 회사는 과거 덜 줬던 수당 등 4,200억여 원을 지급하라는 판결에 따른 것입니다. 기아는 여기에 추가로 예상되는 소송 건의 지급 부담 추정금액 5,800억 원을 합산해 1조 원가량을 통상임금 충당부채로 재무제표에 반영했습니다. 기아의 사례처럼 기업들은 이처럼 1심 판결을 통해 소요될 비용이 구체적으로 나오면 바로 장부에 이를 반영합니다. 기업이 장부를 작성하고 재무제표를 공개하는 건 유의미한 정보를 전달하기 위해서입니다. 그래서 설사 당장 나가는 돈이 아니더라도 그 비용이 앞으로 발생할 가능성이 높으면 장부에 반영합니다.

소송비용 충당부채는 직접적인 금액이 크고 기업 이미지 훼손 등 파급 효과도 크기 때문에 자신이 투자하려는 기업이 얼마나 소송에 얽혀 있는지, 또 최종 패소 시 치러야 하는 비용은 얼마인지를 꼭 체크해야 합니다. 통상임금 문제는 기아뿐 아니라 국내 대다수 기업이 얽힌 송사로 그 결과에 따라 기업 손익에 미치는 영향이 매우 큽니다. 만약 1심 결과에 따라 충당부채를 잡아 놨는데 최종심에서 회사가 이긴다면 어떻게 될까요. 앞선 현대차와 미국 은행들의 경우처럼 재무상태표에서 충당부채는 사라지고 그만큼이 손익계산서의 이익으로 환입됩니다.

실제 2019년 1분기 기아는 매출은 전년 동기 대비 0.9% 줄었지만 영업이익은 94.4% 급증했습니다. 이는 통상임금 소송과 관련해 노조가 회사와 합의해 대표소송을 취하함에 따라 1조 원 규모의 충당부채 가운데 일부가 환입된 덕분입니다. 다만 소송으로 인한 충당부채는 전망이나 분석의 대상이 되지 못합니다. 법정 다툼 기간이 워낙 긴 데다 쉽사리 결과를 예측할 수 없기 때문입니다. 설사 최종심에서 이기더라도 그 과정에 들어가는 각종 비용 역시 만만치 않습니다. 기아의 앞선 사례는 매우 운이 좋은 경우입니다. 때문에 소송 충당부채의 환입을 기대하고 공격적으로 실적을 전망하기보다는 기업이 제공한 재무제표 그대로를 받아들이는 것이 현명합니다. 혹시나 차후에 일부 환입이 '된다면 좋은 것'이고, '아니면 말고'라는 식으로 말이죠. 굉장히 보수적으로 접근해야 합니다.

현금 유출이 비용인식보다 빠른 경우: 매입채무

지금까지는 실제 현금 유출이 손익계산서의 비용 반영보다 나중에 발생하는 경우를 살펴봤습니다. 반대로 손익계산서상 비용 인식이 실제 현금 유출보다 빠른 경우에도 회계적으로 이를 처리하는 방법이 있습니다. 그 대표적인 계정은 매입채무(account payable)입니다. 앞선 구두닦이의 경우 논의를 단순화하기 위해 매입채무 개념은 생략했습니다만, 간략히 예를 들어 설명하겠습니다.

만약 1기에 10,000원어치의 구두약과 구두솔을 사면서, 가게 주인에게 '아버지께 용돈을 받으면 드리겠다'라고 약속했다고 가정해 보죠. 대부분의 기업들의 구매 과정이 사실 이와 같습니다. 원자재나 소재·부품 등을 사오면서 그 자리에서 거액을 지급하는 경우는 없죠. 실제 돈이 나간 건 아니니 재무상태표 자산에 현금 10,000원은 그대로 있습니다. 구두약과 구두솔을 사왔으니 원자재(재고자산)는 10,000원어치가 늘었습니다. 항등식이 맞지 않습니다. 이 경우 10,000원을 가게 주인에게 주겠다고 약속을 했으니 미래에 그 금액만큼을 지급해야 할 의무가 있습니다. 의무는 부채입니다. 그래서 부채에 매입채무 계정을 적고 10,000원 금액을 표기합니다. 항등식이 충족합니다. 매출채권이 앞으로 내가 받을, 받아야 할 돈이라면 매입채무는 내가 앞으로 줘야 할 돈입니다.

이 과정을 최종적으로 확인하면 다음의 모양과 같습니다.

재무상태표(BS)

자산(asset)		부채(liability)	
현금	10000		
		자본(equity)	
		자본금	10000

손익계산서(IS)

영향없음

1. 자기돈(=자본금) 10,000원으로 자산 10,000원 조성

재무상태표(BS)

자산(asset)		부채(liability)	
현금	10000		
재고	10000	매입채무	10000
		자본(equity)	
		자본금	10000

손익계산서(IS)

영향없음

1. 원자재 구매 비용을 차후 지급하기로 했으므로 자산에 현금 10,000 그대로 두고,
   재고(=구매한 원자재) 10,000증가
2. 부채에 차후 지급해야 할 원자재 구입비 만큼 매입채무 10,000증가
3. 항등식(자산=부채+자본) 만족

재무상태표(BS)

자산(asset)		부채(liability)	
현금	10000	매입채무	10000
매출채권	15000		
재고	10000		
		자본(equity)	
		자본금	10000
		잉여금	5000

손익계산서(IS)

매출	15000
비용	10000
순이익	5000

1. 손익계산서에 매출 15,000원 발생.

   판매 대금 차후 지급 받을 예정이므로 재무상태표에 현금이 아닌 매출채권 15,000원 인식
2. 재무상태표에 원자재(재고) 삭제되고, 그 금액만큼 손익계산서에 원가(비용)로 인식
3. 손익계산서에 순이익 5,000만원 발생하고, 그만큼 재무상태표 자본의 이익잉여금 증가
4. 항등식 만족

재무상태표(BS)

자산(asset)		부채(liability)	
현금	10000	매입채무	10000
현금	15000		
매출채권	10000		
		자본(equity)	
		자본금	10000
		잉여금	5000

손익계산서(IS)

영향없음

1. 약속대로 현금 15,000원 입금되면 현금 인식하고 매출채권 15,000원은 소거
2. 원자재 구매 대금 10,000원 현금에서 지급하고 매입채무 10,000원 소거
3. 항등식 만족

매입채무나 충당부채처럼 비용은 인식했는데 실제 현금이 빠져나가는 건 나중인 경우 혹은 나중에 돈을 줘야 하는 의무가 있는 경우가 바로 '영업부채'입니다. 기업이 재무상태표를 공시할 땐 영업부채를 따로 분류하지 않습니다. 분석을 하려는 사람이 골라내야 합니다. 그런데 앞선 예에서 보듯 영업부채는 많은 것이 좋을 수도 있고, 줄었다고 해서 좋다고 단정 지을 수도 없습니다. 만약 영업부채 개념을 명확히 이해하지 않은 상황에서 재무상태표의 부채를 한 덩어리라고 생각해 부채비율을 따지거나 부채 금액의 증감으로 투자 의사결정을 내리려고 하면 완전히 잘못된 판단을 할 수 있습니다.

영업부채를 더 정확히 이해하기 위해 몇 가지 예를 더 들어보겠습니다. 성과급을 생각해 보죠. 어떤 기업이 2023년 실적이 아주 좋았다며 직원들에게 총 50억 원의 성과급을 지급하기로 했습니다. 우리나라의 기업들은 보통 연말에 회계연도 결산을 모두 마치고 이듬해 1월이나 2월에 성과급을 지급합니다. 실제 성과급이 지급되는 건 2024년 초입니다. 앞서 설명한 대응원칙에 따라, 비용은 그 비용이 기여한 매출에 대응해 인식해야 합니다. 성과급은 기업 입장에선 비용입니다. 성과급이란 비용은 2023년 매출 성과가 좋아서 나가는 것입니다. 그런데 회사가 실제 성과급을 지급해서 직원들 통장에 꽂히는 시점은 해를 넘겨 2024년 1월이나 2월입니다. 성과급 50억 원이란 비용을 2024년 회계장부에 인식하면 매출-비용 대응원칙을 어기게 됩니다. 대응원칙을 지키기 위해 회사는 성과급을 미리 2023년 재무제표에 반영합니다. 만약 총 500억 원의 순이익이 발생했고 지급할 성과급이 50억 원이라면 재무제표 처리는 아래와 같습니다.

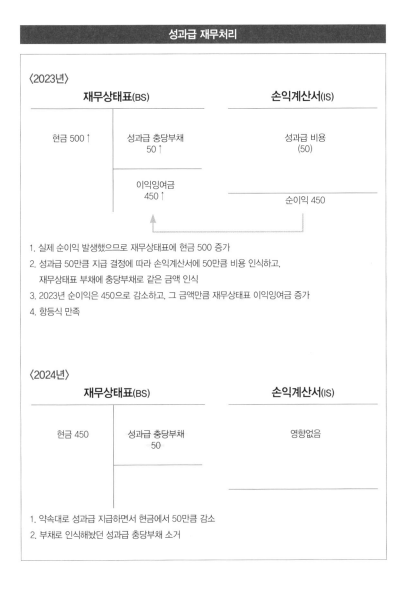

성과급 재무처리

〈2023년〉

재무상태표(BS)

현금 500 ↑ | 성과급 충당부채 50 ↑

이익잉여금 450 ↑

손익계산서(IS)

성과급 비용 (50)

순이익 450

1. 실제 순이익 발생했으므로 재무상태표에 현금 500 증가
2. 성과급 50만큼 지급 결정에 따라 손익계산서에 50만큼 비용 인식하고, 재무상태표 부채에 충당부채로 같은 금액 인식
3. 2023년 순이익은 450으로 감소하고, 그 금액만큼 재무상태표 이익잉여금 증가
4. 항등식 만족

〈2024년〉

재무상태표(BS)

현금 450 | 성과급 충당부채 50

손익계산서(IS)

영향없음

1. 약속대로 성과급 지급하면서 현금에서 50만큼 감소
2. 부채로 인식해놨던 성과급 충당부채 소거

우선 명심해야 할 것은 500억 원의 순이익이 발생했으니 재무상태표 자산의 현금이 500억 원 증가했단 것입니다(성과급 50억 원이 없었다면 재무상태표상 자산의 현금과 자본의 이익잉여금이 양쪽 모두 500억 원씩 증가해 항등식이 만족합니다). 현금 500억 만큼 늘어난 자산에 맞춰 항등식을 충족시켜 보겠습니다. 기업은 예상되는 비용인 50억 만큼을 2023년 손익계산서에 반영합니다. 그러면 순이익이 500에서 50억 만큼 감소한 450억이 됩니다. 이는 곧 재무상태표 자본의 이익잉여금 역시 50억이 줄어드는 것으로 연결됩니다. 대신 50억을 부채에 성과급 명목으로 반영합니다. 이 50억은 기업이 직원들에게 주기로 한 돈입니다. 지급해야 할 의무가 있는 돈입니다. '부채=의무'라고 했습니다. 최종적으로 부채 50억, 자본 450억으로 항등식이 성립됩니다. 이후 2024년 1월에 실제 50억이 직원들에게 지급되면 부채의 성과급은 지우고 재무상태표 자산의 현금 50억이 줄어듭니다. 역시 항등식이 성립됩니다.

지금까지는 실제 돈은 나중에 나가는데 비용은 대응원칙 때문에 먼저 인식되는 미지급부채(accrued liability) 계정들을 소개했습니다. 그럼 반대로 돈은 먼저 나갔는데 비용은 나중에 인식되는 경우도 있습니다. 어떤 건물을 임대해 쓸 때 건물주가 임대료를 일시불로 내면 임대료를 좀 깎아주겠다고 하는 경우가 있습니다. 그래서 미리 임대료를 한꺼번에 내곤 합니다. 만약 2024년부터 2년간 쓸 건물에 대한 임대차 계약을 2023년에 맺으면서 향후 2년 치 임대료 1,000

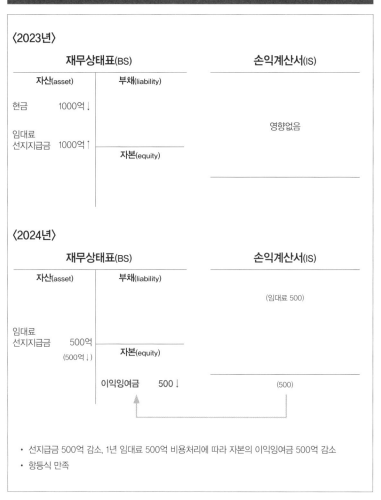

선지급금 재무처리

⟨2023년⟩

재무상태표(BS)

자산(asset)		부채(liability)
현금	1000억↓	
임대료 선지급금	1000억↑	
		자본(equity)

손익계산서(IS)

영향없음

⟨2024년⟩

재무상태표(BS)

자산(asset)		부채(liability)
임대료 선지급금	500억	
	(500억↓)	자본(equity)
		이익잉여금 500↓

손익계산서(IS)

(임대료 500)

(500)

- 선지급금 500억 감소, 1년 임대료 500억 비용처리에 따라 자본의 이익잉여금 500억 감소
- 항등식 만족

억 원(1년 임대료 500억 원)을 한꺼번에 냈다고 해보죠. 현금 지출은 2023년 이뤄졌습니다. 하지만 실제 이 건물을 영업활동에 써서 매출이 발생하는 건 2024년과 2025년입니다. 매출-비용 대응원칙에

따라 임대료 지출을 2023년 손익계산서에 비용으로 인식할 수 없습니다. 일단 2023년 재무상태표 자산에서 현금이 줄어든 건 사실입니다. 그런데 임대료를 왜 미리 줬나요? 앞으로 이 건물을 임대해서 돈을 벌 것이기 때문입니다. 자산으로 인식할 수 있는 첫 번째 조건인 미래 경제적 이익 가능성을 만족합니다. 또 임대료라는 명목의 금액이 명확합니다. 자산의 두 번째 조건 역시 충족합니다. 때문에 재무상태표 자산에서 현금은 줄고, 그만큼이 선지급금이란 계정으로 생겨납니다. 자산 내에 계정 이동이 있었을 뿐이기 때문에 항등식을 만족합니다. 이후 2024년이 되면 실제 매출이 발생합니다. 그때 이 건물을 빌려 쓰는데 들어간 임대 비용도 대응해 처리하면 됩니다.

똑같은 원리가 적용되는 게 보험사가 보험모집인들이 새로운 계

삼성생명 신계약비

DART 📊 삼성생명

본문 2022.03.06 사업보고서 　　　 첨부 +첨부선택+

문서목차

■-III. 재무에 관한 사항
 └ 1. 요약재무정보
 └ 2. 연결재무제표
 └ 3. 연결재무제표 주석
 └ 4. 재무제표
 └ 5. 재무제표 주석
 └ 6. 배당에 관한 사항
 └ 7. 증권의 발행을 통한 자금조달
 └ 8. 기타 재무에 관한 사항
-IV. 이사의 경영진단 및 분석의견
■-V. 회계감사인의 감사의견 등
 └ 1. 외부감사에 관한 사항
 └ 2. 내부통제에 관한 사항
■-VI. 이사회 등 회사의 기관에 관한 사
 └ 1. 이사회에 관한 사항

15. 기타자산 :

(1) 당기말 및 전기말 현재 기타자산의 구성내역은 다음과 같습니다.

(단위: 백만원)

구 분	당기말	전기말
재보험자산	142,762	119,949
선급비용	274,571	75,056
선급금	58,466	90,854
선급부가세	448	752
신계약비	2,558,048	2,512,648
운용리스자산	373,563	435,559
기타	9,081	7,146
합 계	3,416,939	3,241,964

약을 따왔을 때 주는 일종의 인센티브인 모집수수료(신계약비)입니다. 삼성생명 같은 대형 보험사 재무상태표를 보면 적지 않은 금액이 모집수수료로 잡혀 있습니다.

이상 매출과 비용 측면에서 현금이 먼저 나가거나 나중에 들어오는 경우를 살펴봤습니다. 이를 잘 살펴보면 현금 흐름 측면에서 좋은 부채도 있습니다. 반대로 자산이지만 차후에 비용으로 빠져나갈 것이 예정된 것들도 있습니다. 단순히 자산은 많으면 좋고, 부채는 적을수록 좋다고 성급히 결론을 내리면 안 됩니다. 반드시 재무상태표와 손익계산서는 하나로 연결돼 있다는 기본 원리를 바탕으로 각 자산과 부채 계정이 손익에 언제, 어떤 영향을 미칠지 분석을 해야 합니다.

일반적이지 않은 매출 인식

지금까지는 일반 제조업을 기준으로 손익계산서의 매출 개념과 비용의 대응원칙을 설명했습니다. 하지만 일부 산업은 제조업과는 다르게 매출을 인식합니다. 당연히 이로 인해 비용도 다르게 대응되고 결과적으로 재무제표 분석도 다르게 접근해야 합니다.

건설업과 조선업 같은 수주산업 그리고 백화점, 면세점 등 유통산업의 매출 인식 방법을 통해 조금 더 손익 분석에 대한 이해를 넓

혀보겠습니다.

약속과 추정으로 이뤄진 조선사·건설사의 매출과 비용

일반 제조업은 물건을 일단 만들어 놓고 그 뒤에 영업을 열심히 해 판매를 합니다. 그렇게 매출을 발생시키고 그에 따라 비용을 대응해 손익계산서를 만듭니다. 자사 제품이 얼마나 팔릴지 전망을 해서 원자재를 사들이고 공장을 돌려 생산해 팝니다. 매출은 예측의 문제이고 비용은 그 예측을 토대로 들어가는 현재의 문제입니다. 이에 비해 조선업이나 건설업 같은 수주산업은 순서가 완전히 다릅니다. 조선업과 건설업은 손익 인식 방법은 같기 때문에 조선업으로 설명을 드리겠습니다. 조선사는 구체적인 수주계약에 따라 생산에 들어갑니다. 중동의 부자 산유국이 어떤 규모의 유조선을 건조해 달라고 발주하면 조선사들은 수주전을 벌입니다. 그리고 계약을 체결하는 데 성공하면 계약 조건에 따라 배를 만들기 시작하는 것이죠. 수주전에서 이기려면 기술력이나 과거 건조 경험 등도 중요하지만 무엇보다 입찰가격을 낮게 써내는 게 핵심입니다. 다른 조선사들이 1조 3,000억은 받아야 배를 만들 수 있다고 하는데 어떤 조선사가 1조 원만 받고 주문한대로 만들어 주겠다고 하면, 당연히 1조 원을 부른 조선사가 계약을 따내겠죠. 때문에 조선사들은 얼마를 들이면 발주처가 원하는 배를 만들 수 있을지 치밀하게 원가계산을 합니다. 물론 이렇게 계산해 나온 원가는 철저히 기밀입니다.

그렇게 A조선사가 실제로 1조 원에 수주에 성공했다고 해보죠. 수주금액은 발주처와 계약을 할 때 명시합니다. 어떤 조선사가 얼마짜리 계약을 따냈다는 언론 기사나 공시를 본 적이 있을 겁니다. 그러면 매출은 1조 원으로 확정입니다. 이 부분이 일반 제조업체와 크게 다른 부분입니다. 관건은 비용입니다. 물론 조선사마다 열심히 비용을 추정하긴 합니다. 하지만 배 한 척을 만드는데 족히 2~3년은 걸립니다. 그 사이 철강 등 원자재 가격이 얼마나 오르내릴지 정확히 예측하는 건 불가능합니다. 더군다나 우리나라 조선사들은 대부분의 원자재를 수입해야 합니다. 그러니 환율까지 전망해야 합니다. 이 모든 변수를 감안해 앞으로 3년 동안의 원가 비용을 1원 한 푼 틀리지 않고 정확히 예측한다? 그런 능력이 있다면 당장 선물회사에서 어마어마한 연봉을 제시하며 스카우트 하겠죠. 현실적으로 원가는 대략적인 추정으로 산정합니다. 조선사와 건설사 모두 과거 수주 경험과 시장 상황을 고려해 수주 종류별로 원가계산표를 준비해 두고 있습니다.

　일단 여기까지 정리를 하면, 일반 제조업은 매출은 알 수 없는 미래의 일이고 비용은 회사의 통제에 있습니다. 매출이 늘 것 같으면 비용을 더 들여 원자재를 더 사오는 식입니다. 반면 수주산업의 매출은 계약을 따내는 순간 정해져 있습니다. 반면 비용이 얼마나 들지 불확실합니다. 수주산업의 변수는 비용인 것입니다. 수주산업이라고 해서 손익의 기본 회계원칙을 벗어날 수 없습니다. 바로 매출-

비용 대응원칙입니다. 그런데 문제는 시간과 돈의 규모입니다. 수주산업 계약 금액은 통상 수천억 원에서 조 단위를 넘나듭니다. 선박 건조나 아파트 건설에 수년의 시간이 걸리죠. 만약 3조 원짜리 유조선 한 척을 건조하는 계약을 따냈고 앞으로 3년간 만든다고 하죠. 비용은 매년 5,000억씩 발생한다고 가정합니다. 그러면 총비용은 모두 1조 5,000억입니다. 조선사의 매출을 일반 제조업처럼 배를 다 만든 시점에 가서야 잡으면 어떻게 될까요? 5,000억씩 적자를 보다가 배를 다 만들어 발주처에 넘겨줄 때 매출 3조 원이 인식될 것입니다. 단숨에 엄청난 흑자로 전환됩니다. 손익이 들쭉날쭉해서 의미 있는 재무 정보로서 전혀 구실을 하지 못합니다.

수주산업은 소요되는 비용·원가를 토대로 공정 진행률(percentage of completion)에 따라 매출을 인식합니다. 이를 우리말로는 기성이라고 합니다. 수주산업의 손익은 비용을 중심으로 돌아간다고 말씀드렸습니다. A조선사가 1조 원에 유조선 건조 계약을 따냈습니다. 이 조선사는 자체적으로 원가 계산을 해보니 8,000억이면 만들 수 있다고 잠정 결론을 내렸습니다. 예상대로라면 2,000억의 순익을 보겠죠. 이 8,000억의 추산된 원가를 총 공사예정원가 혹은 실행예산이라고 합니다. 이 회사는 공사 진행률이 25%를 달성할 때마다 기성을 적용해 매출로 인식합니다. 마침 첫해 실제 배를 건조하다 보니 비용이 2,000억이 나왔습니다. 그러면 총 실행예산에 근거한 진행률은 25%(2,000억/8,000억)입니다. 이 진행률을 토대로 총 수주금액인 1조 원의 25%에 해당하는 2,500억만큼을 매출로 잡습니다. 그렇게 되면 첫해 매출은 2,500억, 소요된 원가는 2,000억이므로 5 백억의 이익이 손익계산서에 반영됩니다. 다만 이때 손익계산서에 찍힌 5백억의 이익이 곧 현금 5백억 유입과 같은 것은 아닙니다. 손익계산서는 회계연도 재무제표 작성을 위해 정해진 시기마다 하는 것입니다. 실제 현금을 얼마나 언제 지급할지는 계약을 할 때 정해놓습니다. 어느 정도 진행률이 이뤄지면 총 수주금액의 몇 퍼센트를 지급할지 명시합니다.

만약 A조선사가 30%씩 건조를 진행할 때마다 발주처는 약속한 1조 원의 30%만큼인 3,000억을 지급하기로 했다고 해보죠. 일단 이번 회계연도에서 A조선사는 25%의 진행률을 기록했기 때문에 그에 따라 매출과 비용을 인식했습니다. 하지만 발주처가 실제 현금을 주진 않았기 때문에 매출 2,500억은 재무상태표상 자산에 매출채권으로 잡습니다. 이후 실제 돈이 들어오면 매출채권은 현금으로 전환합니다.

건설사 위기론이면 단골로 등장하는 '미청구공사'의 진실

위의 경우는 일반적이면서도 아주 순조롭게 공사가 진행되는 모습입니다. 하지만 세상일이 그렇게 마냥 무탈하게만 흘러갈 순 없죠. 언론 기사 등을 통해 미청구공사를 보신 적이 있으실 겁니다. 특히 건설사 관련 기사에 많이 등장합니다. 정식 계정 이름은 계약자산이지만 대다수 기사에서 미청구공사란 표현을 쓰기 때문에 미청구공사라고 하겠습니다. 일단 미청구공사는 회계처리 과정에서의 단순 시차 때문에 발생하는 경우가 있습니다. B건설사는 1월 1일부터 12월 31일을 회계연도로 하고 있습니다. 기성은 25%씩 4차례에 걸쳐 인식합니다. 이 건설사가 아파트 공사를 2020년 5월부터 시작해서 2022년 말 현재 60%까지 진행했습니다. 첫 회계연도에 달성한 25%와 이듬해 추가된 25%까지 더해서 총 50%는 매출로 인식하면 됩니다. 문제는 2022년 말까지 진행된 10%의 추가분을 어떻게 재무제표에 보고할 것인지입니다. 아직 다음 기성 인식을 위한 진행률 75%까지는 15%가 남았기 때문에 매출채권으로 반영할 수 없습니다. 하지만 엄연히 10%의 공사는 했죠.

바로 이때 미청구공사 계정에 이 10%를 반영합니다. 시간이 지나서 매출로 인식할 수 있을 정도로 공사가 진행되면(=기성) 미청구공사는 매출채권으로 전환되고, 더 시간이 지나서 예정대로 돈을 받게 되면 매출채권은 다시 현금으로 전환됩니다. 미청구공사란 이름 탓에 마치 건설사나 발주처의 속사정 때문에 돈을 제때 못 받는 것이란 오해를 불러오곤 합니다. 그런 실질적인 문제와 전혀 무관하게 기본적인 회계 원칙에 따라 발생한 자산 항목의 계정 중 하나일 수 있습니다.

이와는 또 다른 이유로 미청구공사가 발생하기도 합니다. 미청구공사가 잡히는 또 다른 주요한 원인은 공사 진행률을 놓고 발주처와 견해 차이가 생겼기 때문입니다.

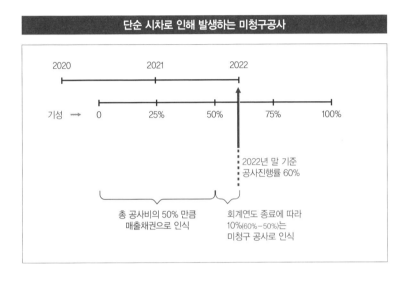

만약 B건설사가 공사 진행 상황을 다소 공격적으로 잡아서 회계 연도 말에 75%의 공사를 진행했다고 주장했습니다. 그리고 기성 인식에 따라 이에 대한 매출을 잡으려 한다고 해보죠. 대규모 수주 산업은 이렇게 기성이 완료된 시점에 발주처에서 현장 점검을 나옵니다. 건설사가 주장한 진행률만큼 진짜 공사를 진행했는지 실제로 한번 보겠단 것이죠. 오가는 금액의 규모를 생각하면 당연한 수순입니다. 그런데 만약에 공사 현장을 와서 봤더니 75%라는 B건설사의 주장과 달리 발주처는 70%밖에 공사가 진행되지 않았다고 하면 어떨까요? 끝끝내 건설사와 발주처가 이견을 좁히지 못하면 그 차이

만큼 미청구공사가 발생합니다. 발주처는 건설사가 주장하는 75%와 자신들이 확인한 70%의 차이인 5% 부분에 대해선 비용청구서(invoice)를 끊지 말라고 합니다. B건설사 입장에선 총 공사예정원가의 75%만큼 비용이 들어갔으니 75%의 공사 진행률을 보고한 상황입니다. 75%만큼 비용을 잡아야 하고 그만큼 매출도 인식해야 합니다. 손익계산서에 매출과 비용이 잡히니 재무상태표의 자산에도 뭔가를 잡긴 잡아야 합니다. 하지만 발주처가 비용청구서를 끊지 말라고 했습니다. 아직 매출로 잡을 순 없습니다. 그러니 매출채권으로도 처리할 수 없습니다.

따라서 건설사 입장에선 비록 공사가 75% 진행했다고 하더라도, 앞선 회계연도에 매출로 이미 인식한 50%에서 추가한 25%의 공사 진행분 모두를 매출로 잡을 순 없습니다. 발주처는 70%만 공사 진행이 된 것으로 봤습니다. 발주처도 동의한 추가 공사 진행분 20%만 매출로 잡고 매출채권으로 처리합니다. 그리고 이견을 좁히지 못한 나머지 5%는 미청구공사로 남겨놓고 재무 보고를 하게 됩니다. 그렇다면 미청구공사는 언제 증가할까요? 위의 예와 같이 실제로 공사가 예상보다 많이 더디게 진행되는 경우입니다. 또 공사를 할수록 들어가는 비용이 당초 예상했던 원가보다 갑작스레 급등해도 미청구공사가 증가합니다.

예를 들어, 총 공사예정원가를 1조 원으로 추정한 아파트 건설

현장이 있다고 해보죠. 이를 토대로 2,500억이면 아파트를 10층까지 올릴 수 있었습니다. 그런데 이제와 보니 인건비가 급증하거나 철근 값이 폭등하는 바람에 2,500억을 들여도 7층까지밖에 못 짓는 경우가 발생합니다.

원가에 따라 계산된 진행률은 둘 다 25%로 똑같습니다. 공사예정원가는 1조 원이고, 2,500억이란 비용이 들어간 건 사실이니까요. 그러니 건설사는 25%의 공사 진행률을 주장하며 기성 인식을 하려 합니다. 하지만 발주처 입장에서 고작 7층밖에 못 올린 상태에서 진행률을 동의하긴 힘듭니다. 따라서 실제 공사 진행률은 그보다 낮은 20%로 판단할 수 있습니다. 이 경우 발주처와 건설사가 진행률을 놓고 합의에 이르지 못하면 둘 사이 이견이 있는 5%만큼이 미청구공사로 분류됩니다.

원가 급등으로 예상보다 비용이 많이 발생하는 경우 미청구공사뿐 아니라 공사손실 충당부채도 증가합니다. 총 공사예정원가를 8,000억으로 추정하고 1조 원짜리 공사를 따냈다고 해보죠. 계획대로 된다면 2,000억의 이익을 볼 수 있습니다. 그런데 원가가 급등해 이대로 공사를 마치게 된다면 총 비용이 1조 1,000억 원이 됐습니다. 공사를 하면 할수록 손해가 발생하게 됩니다. 이익이 발생한다는 당연한 전제하에 진행률에 따라 매출을 인식했지만, 손실이 나버리면 그렇게 할 수가 없습니다. 이때는 적자가 날 것으로 예상되는

1,000억이란 금액을 한꺼번에 공사손실 충당부채라는 이름으로 잡아놓습니다. 이후 실제 손실이 발생하면 그대로 비용으로 처리합니다. 다행히 원자재 가격이 하락하는 등 비용이 적게 들어가 손해를 피했다면 이듬해 환입 처리합니다. 혹은 발주처와 재협상을 벌여 계약금액을 상향 조정하는 데 성공하게 되면 이익이 날 수 있으므로 역시 환입액으로 돌아오게 됩니다.

수주산업은 앞으로 들어가야 할 원가를 오로지 추정에 의존해야 합니다. 이를 토대로 매출-비용을 손익계산서에 인식하기 때문에 분석이 매우 어렵습니다. 수주계약을 통해 벌어들일 매출은 확정이 돼 있지만 기간별 들어간 비용에 따른 공정률을 따져보고, 이를 매출로 반영하는 과정에서 상당한 추정과 판단이 개입되니 그럴 수밖에 없습니다. 원자재 가격 전망은 물론 환율 변동 등 모든 것을 추정해야 하니까요. 따라서 수주산업에 투자를 할 때는 재무 분석보다는 얼마나 많은 양질의 수주를 했는지, 또 현재 수주를 얼마나 잘하고 있는지에 초점을 맞추기를 조언 드립니다.

유통업이 총매출과 순매출로 매출을 나눠 발표하는 이유

롯데백화점과 신세계백화점은 총매출로 경쟁한다

백화점 같은 유통회사의 경우 공시에 꼭 총매출(gross revenue)과 순매출(net revenue)을 구분해 발표합니다. 이 가운데 손익계산서에 있는 매출은 순매출입니다. 하지만 정작 주석을 통해서, 또 언론 보도자료 등을 통해선 총매출을 강조합니다. 총매출과 순매출이 무엇인지, 왜 유통업체는 손익계산서상 매출인 순매출보다 총매출을 더 중요시하는지를 알아보려면 유통업체의 운영 방식부터 이해해야 합니다. 유통업체는 직영형식과 수수료 형식으로 운영 형태가 나뉩니다. 제품을 직접 사 와서 자기 매장에서 판매하는 것이 직영 형태입니다. 수수료 형태는 말 그대로 입점 업체로부터 중간 수수료만 취하는 구조입니다. 어느 방식을 따르느냐에 따라 유통업체의 매출과 비용 인식이 다릅니다.

예를 들어 의류 판매사(입점회사)가 백화점(유통회사)에서 옷을 판다고 해보죠. 옷 한 벌이 백화점에 들어가는 납품가격은 100만 원, 이 옷은 최종 소비자에게 판매되는 가격은 150만 원입니다. 직영형식의 경우 백화점은 100만 원에 옷을 사서 150만 원에 파는 구조입니다. 매출은 150만 원입니다. 이것이 총매출입니다. 납품가격인 100만 원이 매출원가가 되므로 매출총이익은 50만 원입니다. 수수료 매장의 경우 백화점 입장에선 최종 판매된 금액과 납품가격의 차이 만큼인 50만 원이 수수료 형식으로 잡히는 매출입니다. 이것을 순매출이라 합니다. 별도의 비용이 추가되는 것이 없으므로 매출총이익은 역시 50만 원입니다. 어느 방식을 따르든 같은 옷을 판 것이니 당연히 이익은 같습니다. 다만 직영이 수수료 방식보다 매출 규모만 따지면 훨씬 큽니다. 여기까지는 매장 운영 방식에 따른 회계적 처리입니다. 그런데 유통업체 입장에서 한번 생각해보죠. 백화점 영업에서 가장 중요한 건 고객들이 얼마나 많이 오는지, 또 자기네 매장에서 얼마나 돈을 많이 쓰는가 하는 것입니다. 이익이 얼마나 남았는지는 그 다음 문제죠. 그래야 입점 회사들이 백화점에 들어오려고 줄을 설 것이고 수수료 협상에서도 우위에 설 수 있습니다. 더 좋은 브랜드들이 들어오고, 더 많은 고객이 찾아야 선순환이 이뤄집니다. 당연히 수수료만 매출로 반영하는 순매출보다 최종 판매금액을 반영하는 총매출이 더 중요합니다. 언론 등을 통해 '고객 몇만 명이 다녀갔다'라는 식의 광고를 하고, 총매출을 강조하는 이유입니다.

쿠팡 매출이 G마켓보다 월등히 큰 이유

이는 백화점 같은 오프라인 유통업체뿐 아니라 온라인 유통 플랫폼도 마찬가지입니다. 쿠팡의 매출은 2014년 3,500억에서 2015년 1조 1,300억으로 단번에 225%나 급증했습니다. 매출이 1년 새 3배 이상 크게 뛴 것은 상당히 고무적인 일입니다. 하지만 실제 판매 수량은 증가하지 않았습니다. 매출 집계 방식 변경에 따른 착시 현상입니다. 당시 쿠팡은 수수료 형식에서 직영 방식으로 대거 전환했습니다. 그러니 실제로는 판매량이 별로 차이가 없어도 매출은 껑충 뛸 수 있는 것입니다. 앞서 예를 든 옷가게처럼, 똑같은 옷을 팔더라도 수수료 형식일 때 매출이 50만 원이었던 것이 직영 방식으로 바꾸자마자 3배로 뛴 150만 원이 되는 것처럼 말이죠. 실제 당시 쿠팡의 수수료 매출은 1,500억에서 1,400억으로 감소했습니다. 반면 직접 매입해 고객에게 판매하는 직영 방식의 매출인 상품매출은 1,900억에서 9,900억으로 크게 늘었습니다. 이후 쿠팡은 직영 체제를 더욱 공고히 하면서 상품을 직접 사서 보관하고 포장과 배송까지 직접 하게 됩니다. 완전 직영 형식이죠. 이것이 바로 쿠팡의 로켓배송입니다. 이에 비해 G마켓, 위메프 등 대부분 유통회사는 입점 업체로부터 수수료만 받으며 배송도 외주 물류회사를 이용합니다. 매출 규모만 놓고 보면 쿠팡이 월등하게 클 수밖에 없습니다.

직영 방식과 수수료 형식 가운데 어느 것이 딱 잘라 좋다고 말할 순 없습니다. 직영 방식은 매출이 크게 나오지만 직접 상품을 사온 뒤 창고에 쌓아뒀다 팔아야 합니다. 재고와 관련된 보관비가 들고 팔리지 않은 상품은 그대로 악성재고로 남아 손상비용으로 떠안아야 합니다. 온라인 유통업체는 재고를 처리할 물류센터를 확보하는 비용이 일단 만만치 않습니다. 배송 인프라 구축에도 적잖은 돈이 필요합니다. 초기 자본이 웬만큼 넉넉지 않으면 불가능합니다. 자칫 사업이 본궤도에 오르기도 전에 파산할 수 있습니다. 많은 유통업체가 수수료 형식을 취하는 이유죠. 쿠팡은 손정의 회장의 소프트뱅크 비전펀드로부터 조 단위의 막대한 투자를 받았기에 계속된 적자에도 엄청난 투자와 유지가 가능했던 예외적인 경우라 할 수 있습니다. 그럼 직영 형식은 무슨 장점이 있을까요? 수수료 방식은 매출이 증가하더라도 중간 수수료만 먹는 구조입니다. 그러므로 이익 확대에는 제약이 따를 수밖에 없습니다.

수수료 방식인 G마켓의 경우 비용 가운데 판관비를 보면 지급수수료가 4,420억으로 전체 비용의 36%에 달합니다. 이는 곧 매출이 증가하더라도 늘어난 만큼 수수료 명목으로 떼어줘야 하는 변동비가 꾸준히 따라붙는다는 의미입니다. 결국 매출에 비례해서 비용도 증가하기 때문에 수익성이 큰 폭으로 껑충 뛰기는 어렵습니다. 하지만 직영 방식은 초기 막대한 투자가 필요하고 그에 따라 상당 기간 적자의 늪에 허덕이겠지만, 일단 매출이 어느 정도 궤도에 오르면 그때부턴 큰 폭의 이익 증가를 기대할 수 있습니다. 상품 1개를 파나 100개를 파나 물류센터에 들어간 비용은 이미 고정돼 있습니다. 따라서 매출이 일정 수준을 넘어서면 고정비를 제외한 이익 증가분은 모두 회사가 차지할 수 있습니다. 쿠팡이 수년간 적자를 이어오다 흑자로 전환하자 시장이 쿠팡의 성장성이 폭발할 것이란 전망을 내놓은 이유입니다.*

매출원가, 판관비 외 비용과 이익

손익계산서를 보면 영업이익 아래에 이자(금융)비용과 세금비용을 차례로 제하고 순이익을 기록합니다. 영어로 영업이익을 Operating

---

* 비용을 고정비, 변동비로 분류함으로써 매출 증대에 따른 이익 전망을 하는 본격적인 손익분석은 6장에서 자세히 다룹니다.

Profit이라고 하지만 그보다 EBIT(Earings Before Interest and Tax expense)를 더 많이 쓰는 이유입니다. 이자와 세금 외에도 중단 영업 손익 등 다양한 일회성 비용과 이익이 영업이익에서 가감돼 순이익으로 이어집니다. 일회성 비용이 대규모로 발생하면 순이익은 일시적으로 급감하고 일회성 이익이 크면 순이익도 증가하죠. 어떤 비용이 발생할 때 이를 일회성 비용으로 반영할지 아니면 일반적인 비용(경상비용)으로 처리할지는 두 가지 기준에 따라 판단합니다. 하나는 일반적으로 발생하는 비용 여부입니다. 또 얼마나 자주 발생하는지, '반복 가능성'도 따집니다. 일반적으로 자주 발생한다면 당연히 경상비용으로 처리합니다. 그런데 어떤 기업이 30년 만에 발생한 대규모 홍수로 막대한 피해가 발생했다면 어떤가요? 일반적이지도 않고 반복 가능성도 적기 때문에 일회성 비용으로 처리합니다. 일회성 비용이나 이익은 기업의 근본적인 영업활동과는 직접적 관련이 낮은 데다 반복 가능성도 거의 없기 때문에 이를 감안하지 않고 순이익이란 숫자 자체에 몰두하면 잘못된 투자 의사 결정으로 이어질 수 있습니다. 이런 이유로 손익계산서상 영업이익 아래에 표기된 각종 비용과 이익 항목은 분석의 중요도가 떨어집니다. 회계사나 기업의 재무팀이 아니고서야 일반적인 투자자가 구체적으로 들여다볼 필요는 없는 것입니다. 거듭 강조하지만 재무 분석을 제대로 하려면 자잘한 계정들에 에너지를 쏟지 말고 핵심에 집중하는 것이 중요합니다.

4장

재무 분석의 핵심,
자산 4형제

유·무형자산, 재고자산, 매출채권, 현금

지금까지 재무상태표상 자산, 부채, 자본의 기초 개념과 손익계산서의 매출-비용 인식 원리를 통해 재무제표의 기본 흐름을 살펴봤습니다. 이제는 그 가운데 재무 분석의 핵심이라 할 수 있는 자산을 집중적으로 알아봄으로써 실질적인 재무분석에 한 발짝 더 다가서겠습니다. 자산은 기업의 몸통입니다. 부채와 자본을 통해 조달한 자금을 생산·영업활동에 투자하고 운영합니다. 따라서 자산의 주요 계정을 정확히 이해하고 어떻게 구성돼 있으며 서로 영향을 주고받는지 파악하는 것은 제대로 된 투자 목적의 재무제표 분석의 전부라고 해도 과언이 아닙니다.

삼성전자의 재무상태표를 보신 적이 있으신가요? 자산의 계정과목들을 보면 정말 많습니다. 이 많은 계정을 일일이 파악하거나 위에서부터 하나씩 차례로 숙지하려는 것은 무턱대고 영어사전을 맨 앞장의 A부터 마지막 Z까지 통째로 모두 외워버리겠다는 것과 마찬가지입니다. 엄청나게 비효율적인 데다, 궁극적 목표인 능수능란한 영어 사용도 불가능합니다. 결과적으로도 하등 바람직하지 못합니다. 일단 재무상태표를 크게 보면 유동자산과 비유동자산으로 나뉘어 적혀 있습니다. 1년 이내 현금화가 가능하면 유동자산, 이보다 더 오래 걸리면 비유동자산으로 분류합니다. 유동성이 기업에 자금을 투자한 채권자(부채 투자자)에게 중요하기 때문입니다. 쉽게 말해, 이 기업이 내 돈을 떼먹을 가능성이 있는지부터 보여주는 것이죠. 하지만 기업이 유동성 위기에 처해 있는 특수한 상황을 제외하면, 유동성에 따른 분류는 의미 있는 재무 분석에 딱히 도움이 된다고 할 수 없습니다. 기업 분석의 기본은 그 기업이 생산·영업활동으로 얼마나 많은 돈(=현금·cash)을 실제 벌어들일 수 있느냐를 보는 것입니다. 유동성이 아무리 풍부해도 돈벌이가 시원 찮으면 투자 매력이 없는 기업입니다. 반대로 유동성이 악화됐더라도 유망한 성장 산업에 투자를 많이 해서 그런 것이라면, 그래서 앞으로 이익이 될 것으로 기대된 다면 투자를 망설일 필요가 없습니다.

그 판단을 할 수 있도록 돕는 것이 재무상태표의 자산입니다. 그 가운데서도 유·무형자산과 재고자산, 매출채권, 현금 등 4개가 핵심입니다. 우리 몸으로 따지 면 유·무형자산이 심장이고 재고와 매출채권은 대동맥, 현금은 신선한 새 혈액입 니다. 유·무형자산에서 제품을 만들어내면 그것이 재고가 됩니다. 재고가 팔리면 매출채권으로 일단 잡혔다가 현금으로 상환돼 들어오면 마침내 손에 현금다발이 쥐어집니다. 그리고 그 돈이 다시 유·무형자산이나 원재료(재고)로 투자돼 내려갑 니다. 그렇게 더 좋은 제품을 더 많이 만들어서 파는 과정이 계속 이어지면 기업 은 성장합니다.

그러므로 유·무형자산과 재고, 매출채권, 현금 가운데 어느 한 곳이 막히거 나 시원찮으면 기업이 돌아가는데 뭔가 문제가 있다는 신호로 볼 수 있습니다. 유 동성에 따라 분류해 놓은 재무상태표의 자산을 보고 가장 쉽게 저지르는 잘못이 자산의 현금 비중이 커 유동성이 높아진 것을 덮어놓고 긍정적으로 판단하는 것 입니다.

방금 언급했듯이 기업은 지속적인 성장을 전제로 합니다. 현금이 지나치게 많 거나 많은 현금이 너무 오랜 기간 쓰이지 않고 묶여 있다면 더 큰 성장을 위한 유·무형자산 투자가 제대로 이뤄지지 않고 있다는 의미입니다. 심장이 말라버리면서 성장이 정체된 기업은 투자자 입장에선 매력이 없습니다. 일반적으로 국내 제조업 자산 구성을 보면 유·무형자산 비중이 40%, 재고자산은 10~15%, 매출채권 역시 10~15%, 현금은 10% 정도를 차지합니다. 이들 네 계정의 비중을 합치면 80%를 넘나들 정도로 절대적입니다. 때문에 이에 대한 이해만 정확히 돼 있다면 기업의 상황을 이해하는 데 문제가 없습니다. 물론 업종마다 조금씩 차이는 있고 같은 업종이라도 기업마다 다를 수 있습니다. 위 비중은 어디까지나 평균적으로 그렇다는 현상을 보여줄 뿐 그것과 다르다고 해서 잘못이라고 하면 안 됩니다. 다만 어떤 기업을 분석할 때 일반적인 비율, 현황을 알아야 그것과 다른 경우 왜 다른지 봐야겠다는 투자 포인트에 대한 판단을 내릴 수 있으며, 궁극적으로 해당 기업의 상황이 긍정적인지 부정적인지를 분석할 수 있습니다.

누군가 최고 혈압이 120이라고 하면 안심할 수 있습니다. 하지만 200이라고 하면 당장 병원을 가라고 합니다. 이는 우리가 정상혈압 범위를 알고 있기 때문입니다. 기업 재무분석도 마찬가지입니다. 기업의 재무제표에는 그 기업의 상태만 나와 있을 뿐 좋다, 나쁘다를 판단할 수 있는 정상혈압 범위 같은 것들은 알려주지 않습니다. 따라서 언론 기사나 증권사 애널리스트 보고서 등을 통해 주요 수치들의 일반적인 범위를 숙지하고 확인하는 습관이 꼭 필요합니다. 이제 차례로 유·무형자산부터 시작해 재고자산과 매출채권, 현금까지 들여다보겠습니다.

기업의 심장,
유·무형자산

BTS가 하이브의 자산이 아닌 이유

앞서 자산의 정의를 설명하면서 미래 경제적 이익의 '실현 가능성'
과 '합리적 측정' 여부가 기준이라고 말씀드렸습니다. 자산의 핵심
인 유·무형자산*을 올바로 이해하기 위해선 이를 다시 명심해야 합
니다. 앞으로 돈벌이가 될 것인지를 따져보는 첫 번째 조건은 이해가
어렵지 않습니다. 하지만 합리적 측정이란 두 번째 조건은 이른바
'회계적 감각'이 필요합니다. 앞서 언급했듯이 재무제표라는 장부는
숫자로 이뤄진 세계입니다. 제아무리 앞으로 돈벌이가 될 것으로 보
이더라도 해당 자산을 객관적인 금액으로 정확히 적어내지 못하면

---

* 유형자산과 무형자산은 눈으로 보이는 실체가 있느냐에 따라 갈릴 뿐 회계 처리는 동일합니다.

장부에 올릴 수 없습니다. 하이브는 BTS로 막대한 매출을 올립니다. 그런데 BTS를 금액으로 얼마라고 적어 넣을 수 있을까요? 정확히 얼마라고 할 수가 있나요? 불분명합니다. 정작 재무상태표 자산 계정 어디에도 없는 이유가 바로 이 때문입니다. 그렇다면 객관적 금액은 어떻게 구할 수 있을까요? 유·무형자산이 장부에 표기되는 금액은 곧 그 유·무형자산에 투입된 지출 금액(원가)입니다. 앞서 자산을 설명할 때 언급한 원가주의에 따른 것입니다. 공장의 경우 그 공장이 실제 운영에 들어갈 때까지 투입된 지출 금액이 그 공장의 장부상 자산으로 표기되는 금액입니다.

공장이 들어설 땅을 사는데 100억 원이 들었고 철근 등 원자재와 기계설비를 사는데 30억 원이 들었으며 현장 건설인력에 지급한 인건비가 20억 원이 들었습니다. 그리고 이제 막 공장이 운영에 들어갔다면 이 공장의 장부상 가치는 150억 원입니다. 재무제표에 유형자산 150억이 생긴 것입니다. 다만 이 과정에서 각종 과태표나 벌금, 불법 로비자금처럼 비합리적이거나 불법적으로 발생한 지출금은 자산을 산정할 때 뺍니다.

무형자산도 마찬가지입니다. 특허권이나 개발권, 엔터테인먼트 회사의 연예인 전속계약금 등은 미래 경제적 이익이 있을 것으로 예상되기 때문에 회사가 돈을 지불한 것입니다. 자산의 첫 번째 조건을 만족합니다. 또 명확한 지출 금액이 존재하기 때문에 두 번째 조건도 만족하죠. 재무상태표상 자산의 무형자산 항목으로 적히게 됩니다.

내부적으로 진행한 연구개발(R&D)의 경우를 생각해보죠. 기업이 돈을 들여 연구개발을 하는 것은 미래 경제적 이익을 위해 하는 것이지만 실제 돈벌이가 될지는 불분명합니다. 특히 초기 연구단계에선 더욱 불투명합니다. 때문에 일반적으로 기업들은 개발 단계가 됐다고 판단하면, 그때까지 들어간 지출 금액을 자산으로 잡습니다. 개발 단계가 되면 미래 경제적 이익, 즉 돈벌이가 될 것으로 볼 수 있다고 보는 것입니다.

이후 유형자산인 공장과 마찬가지로 그때까지 투입된 지출 금액을 모두 합해 장부에 적습니다. 개발을 진행해온 연구원들에게 지급한 임금, 연구 장비 구입비, 각종 인증 검사에 소요된 지출 등이 모두 해당 무형자산입니다. 현대차 사업보고서를 보죠. 재무제표 주석에는 개발비와 연구비의 회계처리를 달리하고 있음을 설명하고 있습니다. 또 '판매 또는 사용이 가능한 시점부터' 무형자산으로 잡고 있습니다. 구체적으로 보면 손익계산서상 비용으로 처리한 경상연구개발비는 2조 1,000억, 재무상태표의 자산(무형자산)으로 잡은 개발비는 1조 2,000억이라는 것을 알 수 있습니다.

거듭 강조하지만 장부상 자산의 가치는 불분명한 추정이 아니라 객관적이고 입증 가능한 지출 금액(원가)의 총합입니다.

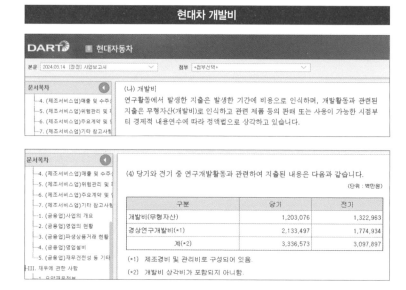

현대차 개발비

DART 현대자동차

본문 2024.03.14 [정정] 사업보고서   첨부 +첨부선택+

문서목차

- 4. (제조서비스업)매출 및 수주
- 5. (제조서비스업)위험관리 및 I
- 6. (제조서비스업)주요계약 및 I
- 7. (제조서비스업)기타 참고사항

(나) 개발비

연구활동에서 발생한 지출은 발생한 기간에 비용으로 인식하며, 개발활동과 관련된 지출은 무형자산(개발비)로 인식하고 관련 제품 등의 판매 또는 사용이 가능한 시점부터 경제적 내용연수에 따라 정액법으로 상각하고 있습니다.

문서목차

- 4. (제조서비스업)매출 및 수주
- 5. (제조서비스업)위험관리 및 I
- 6. (제조서비스업)주요계약 및 I
- 7. (제조서비스업)기타 참고사항
- 1. (금융업)사업의 개요
- 2. (금융업)영업의 현황
- 3. (금융업)파생상품거래 현황
- 4. (금융업)영업설비
- 5. (금융업)재무건전성 등 기타
- III. 재무에 관한 사항

(4) 당기와 전기 중 연구개발활동과 관련하여 지출된 내용은 다음과 같습니다.

(단위 : 백만원)

구분	당기	전기
개발비(무형자산)	1,203,076	1,322,963
경상연구개발비(*1)	2,133,497	1,774,934
계(*2)	3,336,573	3,097,897

(*1) 제조경비 및 관리비로 구성되어 있음.
(*2) 개발비 상각비가 포함되지 아니함.

지출의 두 가지 길: 비용이냐 자산화냐, 그것이 문제로다

YG엔터의 연습생 개발비가 JYP보다 더 많은 이유

방금 유·무형자산의 장부상 가치(book value)를 평가하는 방법을 설명하면서 투입되는 지출 금액이 곧 그 자산의 장부상 금액이라고 설명했습니다. 여기서 지출(expenditure)과 비용(expense), 자산화 (capitalize)의 개념을 명확히 알아야 합니다. 지출은 말 그대로 돈을 쓰는 것입니다. 일반적으로 '돈을 썼다'라는 것은 '비용'과 같은 의미입니다. 그런데 회계적으로 '돈을 썼다'라는 것은 다릅니다. 비용이기도 하고 자산화도 됩니다. 공장을 짓는 데 발생한 지출은 그대로 손익계산서상 비용으로 처리할 수 있습니다. 동시에 자산의 두 가지 조건을 충족한다면 그 지출 금액을 자산으로 잡을 수도 있습니다.

지출의 비용 혹은 자산화 처리

자산 취득까지 소요된 지출(expenditure) 처리 방법에 따라

지출(expenditure)
- 자산화(capitalize) 후 상각처리(=CAPEX · Capital Expenditure)
- 비용(expense) 처리

왜 이렇게 할까요? 공장을 지어서 실제 제품을 만들어 팔아 수익을 올리려면 긴 기간이 소요됩니다.

공장을 짓는데 3년이 걸리고 제품을 생산하는 데 1년이 걸린다고 해보죠. 그러면 최종적으로 매출을 발생하는데 4년의 시간이 걸립니다. 4년 동안 막대한 자금이 들어갑니다. 손익계산서상 어마어마한 적자가 발생하죠. 그 이후엔 비용, 정확히는 매출원가가 들어가지 않으니 엄청난 이익이 나올 겁니다. 들쭉날쭉하고 예측 가능성이 떨어집니다. 이 같은 재무 정보의 불완전성을 해결하기 위한 손익계산서의 매출-비용 기초 원리가 바로 '대응·원칙'이라고 설명했습니다. 매출이 발생하면 그 매출을 일으키기까지 들어간 비용을 대응해 인

식해주는 것입니다. 자산화는 바로 이 대응원칙에 따른 것입니다. 공장을 짓고 원재료를 사와서 제품을 만드는 과정에서 들어간 지출을 모아놨다가, 매출이 발생하면 그동안 쓴 돈을 비용으로 대응시켜 손익계산서에 넣는 것이죠.

이때 반영되는 비용이 바로 감가상각입니다. 감가상각은 실제 해당 자산의 가치 하락과는 전혀 상관없이 대응원칙을 지키기 위해 발생한 회계적 비용입니다. 감가상각은 바로 다음에 자세히 설명하겠습니다. 기업은 지출을 바로 비용으로 처리할 수도 있고, 자산의 두 가지 조건을 충족할 경우 자산화시켜 유·무형자산으로 반영할 수도 있습니다. 이 역시 기업의 판단과 선택이 중요한 IFRS의 특징입니다. 다시 강조하겠습니다. 지출이 발생하면 기본은 비용으로 처리하는 것입니다. 그런데 지출 중 일부는 자산으로 잡을 수 있다고 기업이 판단할 수 있습니다. 그리고 자산으로 잡을 수 있다는 결론이 나오면 자산화시키는 것입니다. 비용 처리와 자산화는 손익계산서와 재무상태표에 적지 않은 영향을 미칩니다.

엔터테인먼트 회사가 연습생을 트레이닝 하는데 들어가는 돈을 생각해보죠. 이 지출은 당연히 비용이 됩니다. 그런데 잘 생각해보면 자산화도 가능합니다. 엔터사에게 연습생은 미래 경제적 이익을 가져다줍니다. 데뷔해서 열심히 음반을 내고 공연을 해서 돈을 벌어다 주죠. 자산의 첫 번째 조건을 만족합니다. 또 레슨비, 차량운영

비용, 메이크업 비용 등 각종 지출 금액을 명확하게 집계할 수 있습니다. 자산의 두 번째 조건도 충족합니다.

그럼 실제 엔터테인먼트 회사들은 어떤 선택을 할까요? SM과 JYP 등 대다수 엔터회사는 연습생 트레이닝 관련 지출을 모두 비용으로 처리합니다. 핵심적인 재무 사안도 아닌데 굳이 자산으로 만들어서 재무 정보를 복잡하게 만들 필요는 없으니까요. YG엔터도 처음엔 비용으로 처리했습니다. 하지만 2011년 상장 과정에서 이를 자산으로 처리하기로 방침을 바꿉니다. 왜 그랬을까요. 예를 들어, 올해 연습생 트레이닝에 모두 50억 원이 들었다고 해봅시다. 이 지출을 그냥 비용으로 처리할 경우 손익계산서상 매출원가로 처리돼 이익이 50억 원만큼 감소합니다. 재무상태표 자본의 이익잉여금도 50억 원 줄겠죠. 그런데 자산으로 잡으면 모양이 달라집니다. 일단 재무상태표상 무형자산이 50억 원 늘어납니다. 비용 대신 자산

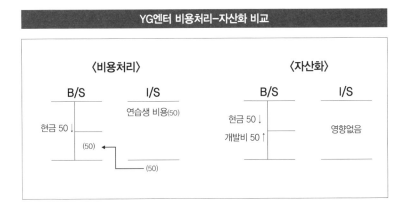

YG엔터 비용처리-자산화 비교

〈비용처리〉

B/S   I/S

연습생 비용(50)

현금 50↓

(50) ←

(50)

〈자산화〉

B/S   I/S

현금 50↓
개발비 50↑

영향없음

을 잡았기 때문에 손익계산서에 비용 50억 원이 반영되지 않습니다. 이익은 50억 원만큼 늘고 재무상태표 자본도 그만큼 증가합니다. 단지 회계 처리 방침만 바꿨을 뿐인데 이익이 증가하니 수익성이 향상돼 보입니다. 자본의 이익잉여금이 줄어들지 않으니 부채비율 같은 건전성 비율도 개선됩니다.

YG엔터가 이 같은 선택을 한 건 상장 과정에서의 지적 때문입니다. 가장 큰 문제는 아이돌 그룹 빅뱅에 대한 수익 의존도가 너무 높다는 것입니다. 엔터 기업뿐 아니라 어떤 기업이라도 수익을 특정 업체나 특정 제품에 너무 의존하면 상장이 거부될 수 있습니다. 기업의 안정성에 물음표가 붙기 때문이죠. 이를 해소하기 위해 YG엔터는 부랴부랴 많은 연예인을 영입했습니다. 그 가운데 싸이가 몇 년 후 '강남 스타일'로 대박을 치면서 YG엔터의 주가가 치솟았죠. 또 다른 지적 사항은 경쟁업체에 비해 자산 규모가 작다는 것이었습니다. 기업 사이즈가 작아 불안하다는 것이죠. 그런데 수익 의존도 다양화와 달리 자산 규모는 하루아침에 늘릴 수가 없습니다. 그래서 고육지책으로 생각해낸 것이 그동안 비용으로 처리하던 지출을 자산화 한 것입니다. 이후 YG는 무사히 상장했고 기업을 잘 키웠습니다. 그래서 지금은 다른 경쟁사처럼 연습생 트레이닝 관련 지출을 다시 비용으로 처리하고 있습니다. 위 예를 보면, 같은 지출이라도 이를 자산으로 잡느냐, 비용으로 처리하느냐에 따라 재무상태표와 손익계산서 모양이 확 달라진다는 것을 알 수 있습니다. 당연히 주요 재무비율 역시 변합니다. 때문에 경쟁 기업 간 비교를 정확히 하려면 주요 지출에 대한 회계처리 지침을 꼭 확인해야 합니다.

자산화 후 감가상각으로 비용 처리

지출을 자산화하면 이후 순차적으로 유형자산은 감가상각(depreciation)을, 무형자산은 무형자산 상각(amortization)을 해서 손익계산서의 비용으로 처리합니다.* 재무분석에서 핵심은 자산이고 그 자산에서도 우리 몸에서 심장처럼 가장 중요한 게 유·무형자산입니다. 유·무형자산에 대응하는 비용인 감가상각 역시 매우 중요합니다. 일단 유·무형자산의 감가상각의 개념과 원리를 알기 전에, 감가상각을 왜 하는지부터 이해하고 가겠습니다.

왜 감가상각을 할까요? 이에 명확하고 간결하게 답을 하지 못한다면 회계 기초에 대한 이해가 부족한 것입니다. 단편적으로 몇몇 회계원리 및 재무적 이벤트를 기계적으로 알고는 있지만 기본 원리와 개념을 알지 못하니 제대로 된 분석을 할 수가 없습니다. 일상적으로 감가상각은 물건이나 제품의 상태가 시간이 지나면서 낡고 못쓰게 된 것을 의미합니다. 중고차를 사고팔 때 감가가 많이 됐다, 감가율이 크다 같은 용어를 쓰죠. 하지만 회계·재무에서 감가상각은

---

* 둘의 회계적 개념과 처리 원리는 같기 때문에 편의상 감가상각으로 통칭하겠습니다.

시간 흐름에 따른 실제 가치의 하락과는 전혀 상관이 없습니다. 감가상각을 이해하려면 앞서 매출과 비용 인식에서 설명한 대응원칙을 기억해야 합니다. 어떤 매출이 발생하면 그 매출이 발생하는데 소요된 비용을 대응해 인식시켜야 한단 것입니다. 장부에 명시된 공장이란 유형자산의 금액은 그 자산이 완성돼 가동에 들어가기까지 들어간 지출 금액이라고 설명했습니다. 그렇다면 그 공장이 실제 운영돼 매출에 기여하면 그 매출이 발생하는데 소요된 비용을 대응시켜줘야 합니다. 때문에 지출을 자산화했다면 매출과 비용을 대응시켜줘야 합니다. 감가상각은 바로 이 과정에서 필요한 회계적 작업입니다. 감가상각을 '회계적 비용'이라고 표현하는 이유입니다. 공장이 제품을 만들어 매출을 발생시키면, 그동안 자산화해뒀던 지출 금액을 순차적으로 일정 기간에 걸쳐 비용으로 처리해 매출과 대응을 시켜주는 게 바로 감가상각입니다. 즉 자산화한 지출이 비용으로 손익계산서에 반영되는 것이 감가상각입니다. 이걸 비용 배분(cost allocation)이라고 합니다.

감가상각을 어떤 방식으로 할지, 몇 년에 걸쳐 비용으로 떨어낼지는 기업의 판단에 달렸습니다.

몇 년에 걸쳐 비용으로 떨어낼지 결정한 기간을 내용연수(estimated useful life)라고 합니다. 유·무형자산의 감가상각이 모두 끝나고 나서도, 즉 장부상으로 비용을 모두 다 털어낸 뒤에도 일정 부분 금전적 값어치가 남아 있다고 보고 이를 반영해두는 것이 잔존가치 (salvage value 혹은 residual value)입니다. 감가상각은 내용연수에 맞춰 일정하게 금액을 반영할 수도 있고, 처음엔 많이 반영하다 나중엔 좀 적게 할 수도 있습니다. 또 그 반대도 가능합니다. 예를 들어 어떤 공장을 짓는데 들어간 원가(original cost)가 100억이라고 가정해보죠. 이를 모두 자산화해서 재무상태표에 유형자산으로 100억을 장부에 반영했습니다. 잔존가치는 10억, 내용연수는 4년으로 결정했습니다. 4년에 걸쳐 똑같이 감가상각을 비용처리하면 매년 22억 5,000만 원씩((100억-10억)÷4)을 손익계산서에 비용으로 반영하게 됩니다. 이후 4년이 지나면 해당 유형자산은 10억 원의 잔존가치만 남게 됩니다. 내용연수나 잔존가치, 감가상각 방법은 기업이 결정하기 나름이지만 대부분 업계 관행, 평균을 따르기 때문에 크게 신경 쓸 일이 없습니다.

지출의 비용 처리와 자산화에 대한 명확한 이해가 중요한 것은 그에 따라 재무상태표와 손익계산서가 달라지기 때문입니다. 만약 자산화를 시키면 비용 처리했을 때보다 자산은 더 큽니다. 당연히 자본도 큽니다. 부채비율은 낮아지죠. 손익계산서상 이익은 어떻게 달라질까요? 자산화를 하면 순차적으로 내용연수 기간 동안 감가상각으로 손익계산서에 비용으로 털어냅니다. 한꺼번에 비용으로 처리했을 때보다 순이익이 커 보입니다. 하지만 명심해야 하는 건 실제 지출한 금액은 같다는 것입니다. 단지 비용처리와 자산화라는 회계적 선택만 다른 것입니다. 결과적으로 시간이 지나면 이익에 미치는 영향은 같습니다. 예를 들어 500억의 지출을 A기업은 비용처리를 결정했습니다. 그래서 2020년에 일시에 손익계산서에 반영했습니다. 반면 B기업은 500억 지출을 자산화해 5년에 걸쳐 100억씩 비용으로 반영할 예정입니다. 매출은 두 기업 모두 앞으로 5년간 700억씩 똑같이 발생한다고 가정합니다. 당장 2020년 A기업의 순이익은 200억, B기업의 순이익은 600억입니다. 당장은 B기업이 월등히 큽니다. 하지만 2021년부터 A기업은 매출에 대응할 비용이 없습니다. 그대로 700억이 순이익으로 떨어집니다. B기업은 내용연수가 끝나는 2024년까지 순이익은 계속 600억으로 정체됩니다.

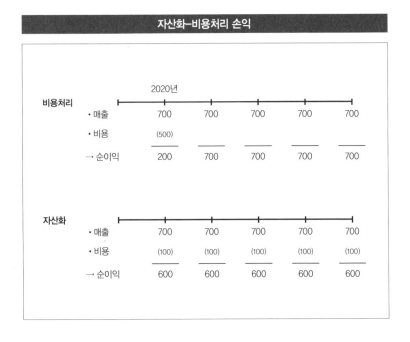

자산화-비용처리 손익

비용처리	2020년				
• 매출	700	700	700	700	700
• 비용	(500)				
→ 순이익	200	700	700	700	700
자산화					
• 매출	700	700	700	700	700
• 비용	(100)	(100)	(100)	(100)	(100)
→ 순이익	600	600	600	600	600

애널리스트 보고서나 언론 기사를 볼 때 '보수적(conservative) 회계처리'라거나 '공격적으로(aggressive) 비용을 반영했다'라는 표현이 등장하곤 합니다. 회계처리가 보수적이냐 공격적이냐를 가르는 기준은 순이익입니다. 올해 순이익이 적게 나오도록 회계처리를 했다는 것은 지출을 자산화하지 않고 비용으로 일시에 반영했단 뜻입니다. 공격적으로 비용을 반영했다는 것 역시 같은 뜻입니다. 일반적으로 이렇게 보수적 회계처리를 시장 전문가들은 더 반깁니다. 어차피 실제 돈이 나간 상황에서 장부상 비용과 괴리가 크다면 투자자들이 잘못된 판단을 내릴 수 있기 때문입니다. 또 그 간격을 조정해줘야 하는 수고도 들여야 하죠. 공격적 회계처리, 즉 지출을 즉각 비용처리하는 경우 장부상 당기순이익은 매우 낮을 수 있습니다. 하지만 이듬해부터는 추가적으로 반영될 비용이 없기 때문에 이익이 크게 뛸 수 있습니다. 앞서 예를 든 A기업의 경우 2020년에 비해 2021년 이익은 3.5배(200억→700억)나 커지죠. 때문에 2020년 순이익 하락을 이유로 주가가 하락했다면 오히려 좋은 투자 기회가 될 수 있습니다. 지출의 자산화와 비용처리에 대한 이해가 명확하다면 현명한 투자 의사 결정을 내릴 수 있는 것이죠.

첼시FC의 거액 이적료 뒤에 숨겨진 꼼수

감가상각 방법이나 기간, 잔존가치 등은 웬만하면 기업들이 전례를 따르거나 동종 업계 다른 기업들의 관례를 차용하기 때문에 이슈가 되는 경우는 거의 없습니다. 다만 그렇다고 그 차이를 무시할 순 없습니다. 지난 2022년 영국 프로축구 프리미어리그 첼시FC구단은 선수들을 데려오면서 계약기간을 통념과 달리 7~8년씩 굉장히 길게 했습니다. 아무리 젊고 앞날이 창창한 선수라도 부상의 위험이나 성장 가능성 등을 따져보면 8년이나 계약을 맺는 건 너무 위험합니다. 참고로 축구 황제 리오넬 메시조차 최고 전성기 시절 소속팀 FC바르셀로나와 계약을 할 때 기본 5년 계약을 맺은 뒤 몇 년이 지나면 2년씩 계약을 연장하는 방식을 썼습니다. 하물며 메시도 이런 식으로 계약을 하는데 첼시FC가 8년이나 계약을 맺은 선수들의 면면을 보면 언뜻 이해가 가지 않습니다. 이는 축구선수 자체의 잠재력을 봤기 때문이 아닙니다. 회계적인 꼼수입니다. 유럽프로축구에 적용된 재정적페어플레이(FFP) 규정을 회피하기 위한 것이죠. FFP는 구단 매출에 비례해 돈을 쓸 수 있도록 제한한 것입니다. 내 돈 내가 맘대로 쓰겠다는데 그것을 못하게 한 이유는 뭘까요. 몇몇 부자 구단주가 돈을 펑펑 써 유명 선수를 싹쓸이하면 돈의 차이가 곧 구단 간 성적의 격차로 이어질 수 있기 때문입니다. FFP는 이 같은 폐해를 방지하기 위한 것이죠.

첼시FC를 인수한 토드 보엘리 구단주는 미국의 부자 사업가입니다. 구단을 인수했으니 대규모 투자로 유명 선수를 모아 성적을 내고 싶을 것입니다. FFP 규정을 지키면서 돈을 펑펑 쓰려면 매출을 늘려야 합니다. 바람직한 방법이지만 단기간에 이루기 쉽지 않습니다. 더군다나 첼시FC의 인기는 과거 리그 우승을 하던 때에 비해 오히려 떨어졌습니다.

그래서 찾아낸 방법이 계약기간을 길게 잡는 것입니다. 차근차근 살펴보겠습니다. 축구 구단이 선수를 영입하면서 지출한 이적료는 무형자산으로 잡을 수 있습니다. 앞으로 이 선수들을 통해 돈을 벌 수 있으며(자산의 제1조건 만족), 이적료라는 객관적 금액도 존재합니다 (자산의 제2조건 만족). 무형자산으로 잡았으니 앞으로 감가상각을 통해 순차적으로 비용 처리를 해야 합니다. 계약기간을 길게 잡아 버리면 회계적으로는 내용연수가 길어진다는 뜻입니다. 그러면 매년 처리할 비용은 감소합니다. 예를 들어 FFP 규정 때문에 올해 쓸 수 있는 비용이 1,000억으로 제한돼 있다고 해보죠. A선수를 데려오는데 이미 700억을 써 버렸다면 쓸 수 있는 남은 돈은 300억입니다. 하지만 이 700억을 자산화한 뒤 감가상각 기간(내용연수)을 7년으로 잡아 버리면? 올해 비용은 100억으로 확 줄어듭니다. 그러면 이제 900억을 더 쓸 수 있게 됩니다.

첼시FC는 이 방법으로 미하일로 무드리크, 엔조 페르난데스 등을 거액에 줄줄이 영입했습니다. 첼시FC는 비용을 다년에 걸쳐 조금씩 반영하도록 했기 때문에 FFP를 피해갈 수 있었습니다. 부랴부랴 유럽축구연맹(UEFA)은 선수 이적료를 무형자산으로 잡을 경우 내용연수를 최대 5년만 잡으라고 지침을 내렸습니다. 하지만 첼시FC는 이미 소기의 성과를 이룬 뒤였죠(물론 그렇게 해서 성적이 좋았느냐는 다른 문제죠). 크리스토퍼 놀란 감독의 영화 '인터스텔라'에는 다음과 같은 명대사가 나옵니다. "우린 답을 찾을 거야, 늘 그랬듯이(We will find a way, we always have)". 제 생각에 이 말은 미국인 사업가에게 딱 들어맞는 표현입니다. 돈이 되는 일이라면, 아니 돈이 돼야 하는 일이라면 어떻게든 방법을 찾아냅니다. 미국이 금융 선진국인 이유 중 하나겠지요.

셀트리온이 한미약품보다 자산화 한 개발비가 더 큰 이유

앞선 첼시FC의 사례는 흥미롭긴 하지만 국내 투자자에게 와 닿는 예는 아닙니다. 지출을 자산화함으로써 재무상태표와 손익계산서 모양이 확 바뀐 대표적 사례는 제약업계입니다. 그중에서도 셀트리온이 큰 주목을 받았습니다. 제약회사의 핵심 성장동력은 새로운 의약품 개발입니다. 당연히 이를 위한 막대한 투자지출이 필요합니다. 까다로운 승인을 받아 최종 시판 허가를 받기까지 동물을 대상으로 한 전임상을 시작으로 임상 1상~3상까지 매우 지난한 과정을 거쳐야 합니다. 때문에 성공 가능성은 매우 낮습니다. 특히 바이오의약품의 성공 가능성은 낙타가 바늘구멍을 통과하는 것보다도 희박합니다. 기업의 재무적 측면에서 보면 지출은 실시간으로 대규모로 발생하는데 돈벌이(매출)는 한참 뒤에나 가능할 수 있단 뜻입니다. 현금 흐름에 심각한 불일치가 발생합니다. 어지간히 유동성이 확보가 된 기업이 아니면 쉽사리 신약 개발에 나설 수 없습니다. 만약 연구개발에 들어간 투자 지출을 그때그때 비용으로 처리해 버리면 수년간 대규모 적자가 발생합니다. 그러다 성공하면 갑자기 엄청난 흑자로 돌변합니다. 해당 제약회사 내부 사정에 밝은 사람이 아니고서야 재무제표만으로는 외부 투자자에게 의미 있는 정보를 제공할 수 없습니다. 투자 지출을 비용 처리하는 것이 이 같은 단점이 있기 때문에 일부 제약회사들은 자산화를 선택했습니다. 연구개발 단계에서 성공 가능성이 보이면 그때까지 소요된 지출을 자산화하는 것입니다. 신약 개발이 어느 정도 성공 가시권에 들어오면 앞으로 돈벌이(미래 경제적 이익)에 나설 수 있을 것이라 판단한 것입니다. 회계적으로 자산으로 잡는 데 문제가 없습니다.

하지만 연구개발에 쏟은 돈을 비용으로 처리할지, 자산으로 잡을지를 놓고 제약회사마다 판단 기준이 천차만별인 것이 문제였습니다. 기업별로 비교 가능성이 현저히 떨어진 탓에 의미 있는 정보가 되지 못하는 것입니다. 똑같은 100억을 썼는데 어떤 기업은 모두 비용 처리하고 다른 기업은 완전히 자산으로 분류해 버리면, 단지 기업 간 회계적 판단 때문에 순이익이 100억의 차이가 나고 재무상태표상 자산과 자본의 크기가 확 달라져 버립니다. 이에 금융당국은 개발비를 자산화할 수 있는 가이드라인 마련에 나섰고 2018년 그 결정이 나옵니다. 신약 개발은 임상 3상 개시 승인을, 바이오시밀러 개발은 임상 1상 개시 승인을 받으면 그때까지 쓴 개발비를 자산화할 수 있도록 했습니다.

헤럴드경제 ☑ 구독중

금융위, 신약 3상·바이오시밀러 1상 등 개발비 자산화 단계 기준 마련

입력 2018.09.19. 오후 2:07 기사원문

👍 공감 💬 댓글   🔊 ᵍᵃ 🔗 🖨

[헤럴드경제=김나래 기자] 금융위가 제약·바이오 기업의 연구개발비(R&D비용)와 관련, 신약은 임상 3상 개시 승인을, 바이오시밀러는 임상 1상 개시 승인을 개발비 자산화 단계로 정했다.

금융위원회와 금융감독원은 19일 '제약·바이오 기업의 연구개발비 회계처리 관련 감독지침'을 증권선물위원회에 보고하고 이 같이 밝혔다.

금융당국은 이번 감독지침을 통해 연구개발비 자산화는 제약·바이오 기업이 기술적 실현 가능성을 판단해 자산으로 인식하도록 했다. 기술적 실현 가능성 판단에 필요한 객관적 증빙 자료는 제시해야 한다. 감독지침에는 약품 유형별로 각 개발 단계의 특성과 해당 단계로부터 정부 최종 판매 승인까지 이어질 수 있는 객관적 확률 통계 등을 감안해 개발비의 자산화가 가능해지는 단계도 설정됐다. 신약의 경우 '임상 3상 개시 승인', 바이오시밀러는 '임상 1상 개신 승인', 제네릭은 '생동성시험 계획 승인', 진단시약은 '제품 검증' 등이 자산화 가능 단계로 제시됐다.

또 신약 개발은 임상 3상 개시 승인 인후 개발비 자산화가 가능하다. 장기간 환자 다수를 대상으로 한 시험약의 안전성·약효에 대한 검증을 거치지 않은 상태에선 자산가치의 객관적 입증이

신약은 임상 3상에 들어가면 성공 가능성이 어느 정도 확보된 것이며, 회계적으로 미래 경제적 이익을 실현할 수 있다고 본 것입니다. 복제의약품인 바이오시밀러는 상대적으로 성공 가능성이 높으므로 임상 1상 개시에 들어가면 자산으로 잡을 수 있도록 했습니다. 다만 이 지침은 연구개발에 들어간 지출 금액을 자산으로 잡을 수도 있도록 했단 것입니다. 자산으로 잡아야 한다는 의무 사항은 아

납니다. 선택지는 똑같고 다만 그 선택의 기준을 정해준 것이죠. 여전히 해당 지출을 그대로 비용으로 처리해 버려도 무방합니다. 실제 한미약품의 경우 2022년 말 기준 자산이 총 1조 9,200억 원에 달하지만 무형자산은 840억 원(4.4%)에 불과합니다. 개발비를 대부분 그대로 비용으로 처리했기 때문입니다. 이에 비해 셀트리온은 자산 총계가 5조 8,900억에 무형자산은 1조 6,200억(27.5%)에 달합니다. 많은 연구개발 지출금을 무형자산으로 잡은 뒤 내용연수에 따라 순차적으로 감가상각으로 비용 처리하는 것입니다. 2022년 사업보고서의 재무제표 주석의 무형자산 항목을 보면 개발비가 1조 3,200억으로 무형자산의 대부분을 차지하고 있음을 알 수 있습니다.

지금까진 제약회사가 개발비를 비용처리 하거나 자산화하는 과정을 설명했습니다. 성공 가능성이 있다면 자산으로 잡을 수 있다고 말씀드렸습니다. 그런데 성공 가능성이 있다고 판단해 개발비를 자산으로 잡아 왔는데 개발 과정에서 실패하거나, 성공했더라도 경쟁기업이 더 좋은 약을 더 싸게 먼저 시장에 내놓아서 설사 내가 개발에 성공해 출시하더라도 팔리지 않을 것으로 예상되는 경우가 있을 수 있습니다. 이 경우 해당 자산은 손상된 것으로 보고 지금까지 잡아 온 자산을 일시에 비용(손실)으로 처리해 버립니다. 이는 제약회사뿐 아니라 다른 모든 기업도 마찬가지입니다. 앞으로 돈벌이가 될 것으로 기대하면서 유·무형자산으로 잡아 왔더라도, 현실에서 개발이 실패하거나 실제 매출 창출 가능성이 현저히 떨어질 경우 해당 자산이 손상됐다고 판단해 비용으로 처리해 버립니다. 예를 들어, 한 마리 10,000원짜리 치킨 가게를 하려고 건물도 임대하고 배달 오토바이도 들여놓는 등 막대한 투자를 했는데, 바로 옆 가게에 5,000원짜리 닭을 파는 집이 생긴다면? 더군다나 맛도 우리집 통닭보다 더 맛있습니다. 돈을 벌 방법이 없겠죠. 그런 경우 도저히 미래 경제적 이익을 실현하기 어렵다고 판단한 그 시점에 그간 들인 돈을 모두 손실로 처리해버립니다.

이렇게 손실 처리하는 게 중요한 이유는 정보의 비대칭성 문제입니다. 많은 제약회사가 임상 단계 등을 통과할 경우 대대적인 홍보를 하고 곧 엄청난 이익이 실현될 것처럼 광고홍보를 하곤 합니다. 투자자들은 덩달아 흥분하죠. 하지만 개발에 실패하거나 상품성이 떨어져 결과적으로 헛수고가 돼 개발을 접어야 할 경우엔 입을 닫습니다. 어떤 제약회사도 신약 개발이 실패했다고 광고를 하지 않습니다. 하지만 이는 해당 기업과 관련해 매우 중요한 정보입니다. 때문에 기업은 이를 반드시 알려야 합니다. 주석에 들어가 손상차손을 확인하면 알 수 있습니다. 전기에 비해 손상차손이 급등해 손상차손 누계액이 크게 늘었다면, 자산으로 잡아도 될 만큼 성공 가능성이 보였던 신약 개발 가운데 어떤 것이 실패했거나 접었다는 것을 의미합니다. 들리는 대로 듣기만 하면 중요한 투자 정보를 놓치게 됩니다. 이 책 1장에 주석의 중요성을 말씀드린 이유입니다.

지금까지 설명드린 연구개발(R&D) 지출을 요약하면 이렇습니다. 미래 경제적 이익이 발생할 것이 확실하다고 판단하면 자산화(=무형자산 인식)가 가능합니다. 그런 경우 수익이 창출될 때 해당 무형자산은 감가상각을 통해 비용으로 순차 처리합니다. 미래 경제적 이익이 발생할 것이 확실하지 않거나, 지출과 동시에 당장 수익창출이 되는 경우라면 전부 비용 처리하면 됩니다. 그러면 손익계산서상 비용이 증가하고 순이익은 감소합니다. 이는 곧 자본의 이익잉여금 감소로 이어집니다.

기업의 핏줄, 재고자산

기업의 딜레마 재고자산: 미·중 갈등이 일으킨 재고자산 관리의 중요성

재고(inventory)는 팔려고 쌓아놓은 제품 혹은 안 팔려서 창고에 방치된 제품으로 생각할 수 있습니다. 하지만 일상생활에서 쓰는 재고의 뜻과 달리 회계적으로 재고자산은 판매 목적으로 보유한 것들을 총칭합니다. 원재료, 중간 부품, 소재 등 완제품을 만들기 위해 사놓은 것들도 재고자산이라고 하고 다 만들어서 팔려나가길 기다리는 것도 재고자산입니다. 오래도록 팔리지 않아서 창고에 먼지가 쌓인 채 방치된 것들도 재고자산에 들어갑니다. 물론 이 같은 재고자산의 큰 범주는 단계별, 용도별로 세분화할 수 있습니다. 다만 아주 정교하게 구분하는 것은 오히려 재무 분석의 큰 그림은 놓치고 자칫 지엽적인 문제에 매달리게 할 위험이 있습니다. 일단은 재고자산의 정확한 개념과 재무제표에 반영되는 원리 그리고 그것이 다른 계정과 어떻게 맞물리는지 등 큰 그림부터 그리는 것이 더 중요합니다.

재고자산은 기업 입장에선 딜레마라 할 수 있습니다. 제품을 잘 만들어 많이 파는 것이 기업에겐 최선입니다. 그러려면 좋은 원재료와 부품 등을 넉넉히 구비해 놔야 합니다. 하지만 그러려면 적지 않은 현금이 필요합니다. 유동성이 문제가 생길 수 있죠. 만에 하나 잔뜩 원자재를 사와서 완제품을 만들었는데 기대한 만큼 팔리지 않으면 최악입니다. 그런데 이런 최악의 상황이 무서워 원자재를 아주 조금씩만 사온다면 어떻게 될까요. 제품이 날개돋인 듯 팔려 나가는 기쁜 상황이 발생해도 팔 물건이 없어 손 놓고 바라만 봐야 합니다. 또 원자재 가격이 갑자기 치솟을 경우 추가 구매 과정에서 막대한 손실을 입을 수 있습니다. 미국과 중국의 갈등이 심화되면서 공급망 불안이 가중되고 있습니다. 이 때문에 재고자산의 안정적, 효율적 관리는 어느 때보다 중요해지고 있습니다. 무턱대고 과거 전례를 따를 수 없게 된 것이죠. 때문에 재고자산을 잘 분석하면 그 기업이 현재 글로벌 상황에 잘 대응하고 있는지, 앞날은 어떻게 될 것인지 가늠할 수 있습니다.

그럼 본격적으로 재고자산의 기본 개념과 원리를 알아보겠습니다. 재고자산을 기간에 따라 분류하면 기초 재고와 기말 재고로 나눌 수 있습니다. 기초 재고는 전년도말 재고자산이 넘어온 것입니다.

여기에 원자재나 부품을 더 사오는 등 당기에 추가된 지출 금액이 붙게 됩니다. 이렇게 확보된 재고자산 가운데 팔려 나간 재고는 손익계산서의 매출원가로, 팔리지 않고 남아 있으면 재무상태표의 재고자산(기말 재고)으로 남아 있게 됩니다. 기초 재고 금액은 전년도말 장부에서 그대로 갖고 오면 됩니다. 추가되는 재고는 정확히 그 금액을 측정해서 장부에 기입해야 합니다. 이때 추가된 지출 금액은 그 원자재 구입가는 물론 그 원자재를 사는데 들어간 인건비, 운송비 등 제반비용을 모두 포함합니다. 장부상 유·무형자산의 금액이 그 유·무형자산이 실제 운영에 돌입해 매출에 기여하기 전까지 들어간 모든 지출 금액의 총합인 것처럼, 재고자산의 장부상 금액도 같은 원리로 작성합니다. 재고자산은 원자재를 사와서 마침내 완제품으로 만들어 판매에 들어가기 직전까지 투입된 모든 지출 금액으로 표기하는 것입니다.

재고자산을 제조업 프로세스에 따라 분류하면 크게 세 가지로 나눌 수 있습니다. 매입해 온 원자재, 공정에 투입돼 만들어지고 있는 재공품 그리고 최종 완성된 제품*입니다. 이 같은 제조 과정에 따라 재고자산이 재무상태표와 손익계산서에 미치는 영향을 볼까요. 다만 앞서 언급한대로 재고자산을 세부적으로 분류해 분석하

---

* 제품과 상품은 회계적으로 의미가 다릅니다. 엄격한 정의를 구태여 알 필요는 없습니다. 쉽게 말해 공장에서 만들어 나오면 제품, 그렇지 않고 공장 가공 과정이 없으면 상품입니다. 삼성전자가 만든 반도체는 제품이고, 삼성생명이 파는 보험은 상품이라 하는 이유입니다.

면 끝이 없습니다. 기업의 재무팀이 아닌 이상, 또 구체적으로 특정 기업의 재고실사를 나가야 하는 회계사나 이를 분석해야 하는 증권사 애널리스트가 아닌 바에야, 일반 투자자가 재고자산을 속속들이 꿰뚫고 있으려는 것은 과잉 학습입니다. 때문에 아래에 설명해 놓은 구체적인 재고 진행과 그에 따른 재무상태표와 손익계산서의 변화는 재무 분석을 처음 공부하는 분이라면 건너뛰어도 무방합니다.

그럼 지금부터 구체적인 설명을 드리겠습니다. 원자재를 100억만큼 사와서 공정에 80억이 투입됐다고 하면 원자재 창고엔 20억이 남아 있게 됩니다. 재무상태표에서 현금 100억이 감소하고 재공품 80억, 원자재 20억이 증가합니다. 여기서 이 제품을 만드는데 인건비가 50억만큼이 들고 전기세와 공장 가동에 따른 감가비 등 간접비가 70억 들었다고 해보죠. 추가 지출 금액 120억이 발생하게 되고 현재까지 나간 현금은 모두 220억입니다. 아직 제품이 판매되지 않았기 때문에 손익계산서상 매출과 매출원가에는 아무 영향이 없습니다. 재무상태표의 현금과 재고자산만 변화가 있을 뿐입니다. 현금은 모두 220억이 감소했으며 재공품은 200(80+50+70)억, 남아 있는 원자재 20억입니다. 이제 이 재공품 200억 가운데 80%가 완성이 됐다고 하죠. 완성된 만큼인 160억은 제품 창고로 넘어가게 되고 공정에는 40억만큼이 계속 걸려 있게 됩니다. 완성된 160억 가운데 80억만큼이 팔리면 그 80억이 손익계산서의 매출원가에 해당합니다. 팔리지 않은 나머지 80억은 제품창고에 남아 있는 재고입니다. 이 제품이 이제 100억에 팔렸습니다. 그러면 손익계산서 매출 100억에 매출원가 80이 차감돼 이익은 20억이 남습니다. 다만 판매를 할 때 바로 현금으로 받은 것이 아니라 매출채권으로 받았다면 재무상태표 자산에 매출채권이 100억 잡힙니다. 현금은 위에 설명한대로 220억이 감소했습니다. 재고자산은 총 140억입니다. 원자재 창고에 20억, 재공품은 40억, 제품은 80억이 각각 나뉘어 표기됩니다. 결과적으로 현금은 220억이 감소하고 매출채권과 재고자산은 각각 100억, 140억으로 기입됩니다. 매출과 매출원가의 차이인 20억이 자산의 이익잉여금으로 들어왔으므로 재무상태표의 항등식이 만족합니다.

쌍둥이도 형·동생이 있듯, 재고자산도 선·후가 있다

우리나라는 쌍둥이 가운데 먼저 나온 아이를 형이나 언니로 대우합니다. 세상에 먼저 나왔기 때문이죠. 이와 달리 미국 등 많은 서방 국가에선 먼저 나오면 동생입니다. 더 늦게 엄마 뱃속에 자리를 잡았기 때문에 동생이란 것이죠. 똑같이 생긴데다 세상에 나온 시간 차이라봐야 10분도 되지 않지만, 어쨌든 쌍둥이에게 누가 먼저냐는 참 중요한 문제입니다. 재고자산도 마찬가지입니다. 어제 사 온 원자재나 한 달 전에 사온 원자재나 별다를 것이 없습니다. 하지만 회계 장부에선 재고자산의 순서를 어떻게 정하느냐에 따라 적지 않은 결과의 차이로 이어집니다. 이제부터 재고자산의 처리 방법을 알아보겠습니다.

앞서 손익계산서의 매출은 제품이 팔려 나가면서 얻은 수익이고, 그에 대응하는 매출원가는 재고자산 장부상 금액이라고 설명했습니다. 이때 재고자산의 매출원가 반영 방법은 여러 가지가 있습니다. 제품이 팔려 나갈 때 어떤 재고 가격을 쓸지 결정해야 한다는 것입니다. 회계적으로 선입선출법(FIFO-first in first out), 후입선출법 (LIFO-last in first out), 평균법(average) 등으로 분류합니다. 말 그대로, 먼저 들어온 재고를 먼저 비용으로 반영하면 선입선출, 나중에 들어온 재고를 먼저 털어내면 후입선출입니다. 보유한 재고자산 취득 금액을 평균 내서 비용으로 반영하면 평균법입니다. 예를 들어, 기업이 열심히 만든 완제품이 있습니다. 아직 팔리지 않았으니 이 완제품은 재고자산이죠. 장부상 50만 원으로 기록해놨습니다. 그리고 한 달 뒤 같은 완제품을 만들어 놨는데, 이번엔 원자재 가격이 오르는 바람에 장부상 재고자산 금액이 55만 원이 됐습니다. 또 한 달 뒤엔 60만 원으로 평가해 표기했습니다. 그리고 마침내 이 완제품이 100만 원에 팔렸습니다. 그럼 매출은 100만 원입니다. 매출원가는 그럼 얼마일까요? 50만 원을 들여 만든 제품이 팔렸는지, 55만 원짜리인지, 60만 원짜리인지 정확히 알 방법이 없습니다. 물론 아주 특수하게, 주문 제작하는 고가 자동차나 시계 같은 경우는 좀 다릅니다. 매출을 일으킨 제품이 뭔지 알 수 있으니 정확히 매출에 대응하는 매출원가를 찾아낼 수 있습니다. 하지만 이는 극히 예외적인 경우죠. 일반적으로 그 많은 제품이 정확히 언제, 얼마에 사온 원자재와 얼마의 임금을 주는 노동자의 손을 거쳐 정확히 얼마의 운송비를 들여 만든 것인지 따지는 것은 불가능합니다.

이때 앞서 언급한 재고자산의 매출원가 반영 방법을 선택합니다. 선입선출을 채택한다면 손익계산서에 매출원가로 50만 원이 반영됩니다. 후입선출을 쓰면 맨 나중 재고의 장부가치인 60만 원을 인식하면 됩니다. 평균법에 따르면 셋의 평균인 55만 원이 매출원가가 됩니다. 재고자산의 매출원가 반영 방법에 따라 재무제표 비율이나 손익에 일부 영향이 있기 때문에 회계학에선 이를 자세히 다룹니다.

선입선출과 후입선출을 비교해보죠. 매출은 100만 원으로 동일한 상황에서 선입선출은 비용이 50만 원 반영됐으니 이익은 50만 원입니다. 후입선출은 비용이 60만 원이니 이익은 40만 원입니다. 당장은 선입선출이 이익이 더 크게 보입니다. 하지만 마지막 3번째 물건이 팔려 나가게 될 땐 반대가 됩니다. 매출은 똑같이 100만 원이라고 하면, 선입선출은 이미 먼저 들어온 재고를 털어냈기 때문에 맨 마지막 60만 원짜리 재고가 남게 됩니다. 이를 매출원가로 반영하면 이익은 40만 원이 됩니다. 후입선출은 늦게 들어온 재고를 털어냈기 때문에 마지막으로 손익계산서에 매출원가로 반영할 재고는 40만 원짜리입니다. 이익은 60만 원이 되고, 선입선출에 비해 이익이 커보이게 됩니다. 이는 기본적으로 물가가 오른다는 일반적인 상황을 전제로 합니다. 만약 원자재 가격이 급락한다든지 하는 이유로 재고 가격이 하락한다면 위의 예와 정반대의 상황이 벌어집니다. 물론 어떤 방법을 사용하든 최종적으로 이익의 규모를 합산하면 당연히 같습니다. 실제 생산·판매 활동의 차이가 없는데 회계적으로 어떤 선택을 했느냐 때문에 본질적인 이익의 차이가 발생할리는 없습니다. 하지만 적어도 이익의 양이 더 커 보이는 시기는 달라질 수 있습니다.

다행히 실무적으로 매출원가 반영 방법이 문제가 되거나 투자 의사 결정에 중대한 영향을 미치는 경우는 거의 없습니다. 기업이 회계 정보를 제공하는 근본적 이유는 본업이 얼마나 추세적으로 성장하는지 혹은 안정적인지를 보여주기 위한 것입니다. 회계적으로 당장의 이익을 커 보이게 하는 것은 일부 투자자들을 현혹시킬 수 있을지 몰라도 결과적으로는 신뢰 상실로 이어집니다. 더군다나 투자자들의 지식수준이 향상되고 온라인 토론이 활발해지면서 편법이나 꼼수는 즉각 발각되기 십상입니다. 또 현실에서 대부분의 기업이 선입선출을 쓰고 있기 때문에 재고가격을 어떤 방식으로 처리하는지는 상식 수준으로만 알고 굳이 들여다볼 필요가 없습니다. 일반 투자자는 제품이 팔려 나가서 매출을 일으킬 때까지의 재고자산 변화와 현금이 회수되기까지의 매출채권 증감을 통해 얼마나 자산이 효율적으로 돌아가는지를 분석하는데 초점을 맞추는 것이 현명하다 할 수 있습니다. 실제로 대부분 기업이 선입선출을 쓰는 이유는, 일단 그것이 상식적이기 때문입니다. 또 하나 중요한 이유는 IFRS가 후입선출을 조작 가능성 때문에 아예 금지하고 있다는 것입니다. 바로 아래에서 자세히 알아보겠습니다.

후입선출의 회계 조작 가능성

IFRS는 후입선출을 쓰면 기업이 필요에 따라 손익을 조절할 수 있는 여지가 있다고 보고 금지했습니다. 예를 들어보죠. 기초에 재고가 100개 있고, 올해 재고를 900개 매입했습니다. 그 가운데 800를 판매했다면 기말에 재고는 200개가 남습니다. 후입선출은 나중에 들어온 재고부터 팔려나간 것으로 봅니다. 때문에 올해 매입한 900개 가운데 800개가 팔려 나간 것으로 회계처리 합니다. 이를 올해의 매출원가로 떨어낼 수 있는 것입니다. 장부상 기말 재고로 남은 200개는 예전부터 있던 100개와 올해 매입한 100개로 이뤄져 있습니다. 1년이 지나 두 번째 회계연도가 됐습니다. 전년도 재고 200개가 기초 재고로 넘어왔습니다. 당기에 재고는 800개를 샀습니다. 전체 재고는 1,000개입니다. 판매는 700개가 이뤄졌다고 하면 재고는 300개가 남습니다. 후입선출에 따르면 판매한 700개 역시 당기 매입한 것에서 먼저 빠져나갑니다. 기말 재고 300개는 예전부터 있던 100개, 작년에 구매했던 100개, 당기에 산 100개가 남습니다. 이제 또 시간이 흘러 3년도로 넘어왔습니다. 기초 재고는 300개입니다. 당기 700개를 매입했고 전체 재고는 1,000개입니다. 그런데 올해는 1,000개를 모두 다 팔았습니다. 재고가 완전히 다 소진됐습니다. 기말 재고는 남은 게 없습니다. 아주 예전에 매입했던 재고 300개도 다 나갔습니다.

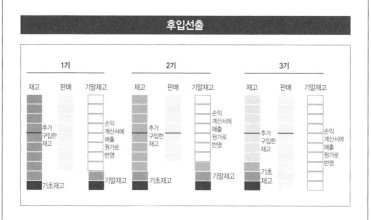

그런데 왜 IFRS는 후입선출을 금지한 것일까요? 일반적으로 물가는 꾸준히 오릅니다. 때문에 아주 예전에 매입한 재고의 단가는 현재 원재료 구입 단가보다 낮습니다. 아주 낮은 단가의 재고 300개가 비용 처리됐기 때문에 3년도 이익은 좋아지게 됩니다. 여기서 조작의 가능성이 생깁니다. 기업은 판매량을 통제할 순 없습니다. 하지만 재고는 다릅니다. 올해 재고를 얼마나 늘릴지는 기업 선택의 문제입니다. 물가는 지속적으로 오르는 일반적인 상황에서, 만약 올해 이익을 많이 내고 싶으면 구매량을 확 줄여서 예전 낮은 단가로 매입한 재고가 비용으로 반영되도록 하면 됩니다. 1기에 전년도 말 재고로 넘어온 재고는 1개당 1억 원이라고 하고,

1기에 추가 구매한 재고는 2억이라고 하죠. 2기엔 재고 1개당 3억이 됐습니다. 후입선출에 따르면 2기에 매출원가로 비용 처리되는 재고 700개는 모두 2기에 사놓은 것들입니다. 금액으로는 2,100억입니다. 그런데 만약 두 번째 해에 재고를 500개만 샀다고 해보죠. 전기에 넘어온 재고 200개와 함께 총 재고는 700개입니다. 이 700개가 모두 팔려 나갔습니다. 비용 처리되는 매출원가는 1,800억입니다. 판매량이 같아도 단지 재고를 덜 사들였더니 비용이 300억 줄었습니다. 그만큼 이익은 커지겠죠.

후입선출 시 재고 구매량 변화에 따른 이익 조절 예

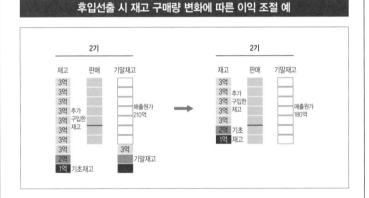

이와 반대로 올해 이익을 좀 적게 내고 싶으면 구매량을 늘리면 됩니다. 그러면 매입 단가가 높은 재고에서 판매량이 결정됩니다. 후입선출은 이처럼 단가조정이 가능해 결과적으로 이익을 부풀리거나 줄일 수 있습니다. 때문에 IFRS는 조작 가능성이 있다고 보고 후입선출을 금지하는 것입니다.

유가가 뛰면 왜 정유회사 주가도 뛸까…재고의 래깅효과

재고가격 처리 방법은 말씀드린 대로 개인투자자가 크게 신경 쓸 필요는 없습니다. 다만 재고자산 매입 가격과 이를 비용으로 반영하는 과정에서 발생하는 재고의 래깅효과(lagging effect)는 몇몇 산업을 이해하는데 아주 중요합니다. 대표적인 게 바로 정유업종입니다. 5장 손익분석에서 원재료비가 중요한 산업을 설명하면서 더 자세히 말씀드리겠습니다만, 여기서 간략히 어떤 개념인지 예시로 이해하겠습니다. 대부분의 기업은 선입선출을 쓰는 것과 달리 정유사들은 평균법을 씁니다. 재고의 래깅효과와 정유사들이 평균법을 쓰는 건 다 이유가 있습니다.

일반적으로 국제 유가가 오르면 정유사 주가도 덩달아 뜁니다. 애널리스트 보고서나 언론 기사를 보면 정제마진이 개선돼 실적이 좋아질 것으로 기대된다고 합니다. 그런데 언뜻 생각해보면 잘 이해가 되지 않습니다. 정유사는 원유를 사와서 정제를 한 뒤 휘발유, 경유 등 각 유종으로 만들어 팔아 그 차익을 남깁니다. 원재료인 원유 가격이 오르면 비용이 증가한 것인데 왜 실적이 좋아질까요? 바로 재고의 래깅효과 때문입니다. 정유사는 유가가 오르면 거의 즉시 시중 휘발유, 경유 가격을 올립니다. 주유소 기름값은 어제 다르고 오늘 다릅니다. 그런데 정유사들이 정제를 위해 비축해 둔 원유는 몇 달 전에 사다 놓은 것들입니다. 가격이 오르기 전에 사둔 재고자산인 것이죠. 당연히 파는 가격이 오르면 그만큼 더 이익을 낼 수 있는 것입니다. 똑같이 1리터에 1,000원을 들여 사온 원유로 정제해 만든 휘발유를 어제는 1,500원에 팔았는데 오늘은 2,000원에 팔 수 있다면 앉아서 500원을 더 버는 셈이니까요.

반대로 국제유가가 떨어지면 어떤가요? 국제유가가 오를 땐 바로 뛰던 휘발유 가격이 이상하게도 내려갈 땐 참 더딥니다. 정유사들은 이렇게 원자재인 국제원유의 가격 변동성을 최종 판매가에 연동시켜 수익성을 확보합니다. 그런데 재고자산인 원유의 가격 변동성을 회계적 관점에서 분석해보죠. 일반적인 제조업처럼 선입선출을 쓴다면 국제유가가 올라갈 경우 판매가를 확 높여서 이익을 크게 만들 수 있습니다. 반대로 국제유가가 고공행진을 하다가 떨어지면 판매가를 낮춰야 합니다. 선입선출이라면 이전에 높은 가격에 사들인 원유를 먼저 비용으로 반영해야 합니다. 그러면 이익은 급감하게 됩니다. 이익의 변동성이 너무 커집니다. 유용한 재무정보로서 쓸모가 낮아집니다. 때문에 정유사들은 과거엔 후입선출을 썼습니다. 국제유가에 따라 판매가격(매출)이 워낙 들쑥날쑥하기 때문에 그나마 가장 최근에 사들인 원유가격을 비용으로 대응시킴으로써 그 정도를 완화시키려한 것입니다. 하지만 후입선출을 금지한 IFRS가 2011년 도입됩니다. 후입선출을 쓰지 못하게 된 정유사들은 국제유가 변동에 따른 손익 급변동을 완화하기 위해 차선책으로 평균법을 쓰는 것입니다. 정유사에 대한 애널리스트 보고서를 보면 비축유가 몇 개월치가 쌓여 있는지, 또 그에 따른 재고자산 래깅효과는 얼마나 심할지를 분석한 내용을 확인할 수 있습니다.

SK하이닉스를 웃고 울린 재고자산 평가손상

재고자산을 보다보면 '재고자산 평가손상'이 따라붙습니다. 구체적으로 이를 결정하는 방식은 다소 까다롭고 구태여 일일이 알 필요도 없습니다. 쉽게 설명하면, 쌓아둔 재고자산이 팔릴 것 같지 않아 손실로 떠안아야 할 것 같은 경우 재고자산 평가손상이라고 표시합니다.

자동차 회사를 생각해보죠. A모델을 잘 팔아왔는데 그 모델의 업그레이드 신형을 출시하면 기존 A모델은 구형으로 전락합니다. 소비자들이 잘 찾지 않게 됩니다. 그렇다고 A모델이 전혀 팔리지 않는 건 아닙니다. 가격을 좀 낮춰주고 엔진오일 무상 교체 같은 좋은 조건을 내걸면 그래도 팔 순 있습니다. 한물 간 것 같지만 그렇다고 폐기해버릴 정도는 아닌 재고자산은 일단 평가손상으로 잡고 재고자산 바로 아래에 표기합니다. 이렇게 평가손상으로 잡힌 재고자산의 운명은 둘 중 하나입니다. 예상대로 정말로 안 팔려서 고철덩어리가 되든가, 기적적으로 회생해 팔려나가든가. 정말 어느 누구도 더는 찾지 않아 자리만 차지하는 골칫덩이가 되는 경우가 물론 더 많겠죠. 또는 A모델을 팔기 위한 가격 할인 등 각종 혜택을 더하다보니 원가에도 못 미쳐 오히려 팔수록 밑지는 장사가 되기도 합니다. 그러면 그대로 손실로 처리합니다. 손익계산서상 비용으로 처리되면서 이익을 줄이게 됩니다.

그런데 정말 뜻밖에, 레트로 열풍이 불면서 A모델이 다시 각광을 받는다고 해보죠. 입고될 때 가격보다 더 비싼 가격에 팔려 나가면서 실제 매출에도 도움이 됩니다. 그러면 평가손상으로 잡아 놨던 것을 현재 판매가격을 고려해 다시 환입시킵니다. 그게 재고자산 평가손실 충당금입니다. 재고자산 평가손실 충당금은 소비재에선 사실 현실적으로 쉽지 않습니다. 하지만 몇몇 업종, 회사에는 매우 중요합니다.

재고자산 평가를 놓고 천당과 지옥을 오간 게 바로 SK하이닉스입니다. SK하이닉스는 2022~2023년 반도체 호황을 예상하고 어마어마하게 생산을 했습니다. 하지만 예상과 달리 반도체 업계가 불황에 빠지면서 재고가 그대로 쌓이게 됩니다. 가격도 곤두박질치죠. 이대로라면 팔아도 손해가 될 지경이 되자 SK하이닉스는 재고자산 평가손상 처리를 대대적으로 합니다.

하지만 조금씩 반도체 업황이 살아날 기미를 보이고 낸드플래시 가격도 다시 오르기 시작합니다. 그러자 SK하이닉스는 2023년 4분기 실적에서 낸드플래시 재고평가 손상 충당금을 대규모 환입하게 됩니다. 손익계산서의 이익이 늘어나게 되는 것입니다. 이건 반도체라는 업종의 특성 때문입니다. 자동차나 전자기기 등 일반적인 제조업이었다면 거의 대부분 고스란히 손실로 처리될 것입니다. 하지만 반도체는 가격 등락은 심하지만 수요만 살아난다면 좀 오래 재고로 쌓여 있었던 반도체라도 판매에 전혀 문제될 것이 없습니다.

기업의 또 다른 중요한 핏줄, 매출채권

매출채권은 제품이 팔려나가면서 매출로 인식됐지만 아직 현금은 들어오지 않은 금액을 보여줍니다. 앞서 3장 손익계산서 설명을 통해 매출과 비용을 인식하는 기본 원리(발생주의 - 대응원칙)를 설명했습니다. 기업 간 거래는 일반인들의 중고 거래나 소상공인의 대금 결제와 같을 수 없습니다. 제품을 넘기고 돈을 주고받는 과정이 동시에 일어나지 않는다는 것입니다. A기업이 매출로 인식했더라도 거래 상대방이 실제 대금을 입금하기까지 시간이 소요됩니다.

이를 재무상태표와 손익계산서엔 어떻게 반영하는지 살펴보겠습니다. 장부상 10억 원으로 평가된 재고자산(완제품)이 20억 원에 팔려 나가는 경우를 생각해보죠. 일단 손익계산서에 매출 20억 원이 잡힙니다. 매출원가는 10억 원입니다(그 외 비용은 편의상 없다고 하겠습니다). 그러면 최종 이익은 10억 원입니다. 이는 다시 재무상태표 자산의 이익잉여금 10억 원 증가로 이어집니다. 만약 거래업체가 완제품 구입대금 20억 원을 바로 현금으로 입금했다면 재무상태표 자산의 현금 20억 원이 증가합니다. 하지만 대부분 기업 간 거래에서 현금 지급은 몇 개월 뒤에 이뤄집니다. 때문에 현금이 아닌 매출채권 20억 원이 기입됩니다. 결과적으로 재무상태표의 항등식(자산=부채+자본)이 완성됩니다.

매출채권			
재무상태표(BS)		**손익계산서(IS)**	
자산(asset)	부채(liability)		
		매출	20억
		비용	10억
매출채권 20억↑			
재고 10억↓			
	자본(equity)		
	잉여금 10억↑	순이익	10억

　매출채권을 보면 재고자산 평가손상과 같은 원리로 대손충당금이 설정된 것을 볼 수 있습니다. 매출채권은 일종의 외상값인 셈입니다. 제품을 판매해서 받을 돈이 확실하고, 거래 상대방도 준다고 약속을 했습니다. 하지만 아직 현금이 건네진 건 아닙니다. 떼일 우려가 있습니다. 만약 현금 결제가 자꾸만 늦어지면 내 유동성은 악화됩니다. 거래 상대방이 부도라도 나는 날에는 외상값을 모두 떼일 수도 있습니다. 대규모 손실이 발생합니다. 그렇게 되면 매출–비용의 기본원리인 대응원칙에 어긋납니다. 매출은 당장 인식했는데 손실(비용)은 시간이 지나서 발생한 것이니까요. 때문에 기업들은 매출채권을 인식하면서 매출채권이 실제 현금으로 회수되지 않을 것을 대비해 과거 경험, 동종 업계 관행 등을 토대로 일정 금액을 대손충당금으로 설정합니다. 앞으로 떼일 것 같은 외상값을 미리 비용으로 잡아 놓았다 실제 손실이 발생하면 비용으로 처리하는 것입니다.

은행의 대손충당금 증가가 의미하는 것

　대손충당금이 가장 민감하고 중요한 곳이 바로 은행입니다. 은행은 경기에 매우 민감합니다. 경기가 좋을 땐 기업들이 대출을 부지런히 받아갑니다. 그런데 경기가 갑자기 나빠지면 기업들이 대출 원리금을 제때 상환하지 못하게 됩니다. 아예 부도가 나버릴 경우 은행은 한 푼도 돌려받지 못할 수도 있습니다. 혹은 대출 자산 회수에 적지 않은 돈을 써야할 수도 있습니다. 그런데 은행은 제조업체들과는 다릅니다. 워낙 많은 기업과 가계가 얽혀 있기 때문에 은행이 부실화되면 그 피해가 엄청납니다. 만약 대출을 잔뜩 해줬는데 제때 현금 회수가 안 되면 은행은 부실화되고 자칫 국가 전체 경제에 막대한 악영향을 줄 수 있습니다. 이 때문에 은행들은 자체적으로 대손충당금을 상당히 많이 쌓아놓습니다. 경기가 침체돼도 버틸 수 있는 일종의 쿠션을 만드는 것입니다. 뿐만 아니라 금융 당국도 대손충당금 가이드라인을 경기에 따라 엄격히 제시합니다. 은행은 수익성보다 안정성이 더 중요하기 때문입니다.

이를 투자 관점에서 보면, 은행의 대손충당금이 늘었다는 건 금융 당국과 은행들이 앞으로 경기가 나빠질 것으로 보고 있다는 신호입니다. 2020년 미국 대형은행들이 그랬습니다. 당시 코로나19가 터지면서 경기가 크게 악화될 것으로 우려되자 JP모건 등 대형은행들은 대손충당금을 크게 높였습니다. 하지만 실제로는 어땠나요? 미국 경제는 빠르게 회복했습니다. 특히 2021년은 대형 기술주(빅테크)의 질주와 함께 경기는 호황을 누렸고 은행들은 돈 떼일 걱정을 싹 접어둘 수 있었습니다. 그럼 2020년 엄청나게 잡아 놨던 대손충당금은 어떻게 될까요? 손실(비용)이 발생할 줄 알고 선제적으로 잡아놨는데 실제로는 돈이 나가지 않았습니다. 이는 2021년 손익계산서상 이익으로 다시 들어오게 됩니다. 이 과정을 환입이라고 하며, 언론 기사나 애널리스트 보고서 등에 '대규모 환입 효과로 이익이 개선됐다'는 표현을 볼 수 있을 것입니다. 예상과 달리 경기가 좋고 실적 측면에선 대규모 환입으로 인해 이익이 껑충 뛰면서 미국 은행들의 주가도 덩달아 올랐습니다. 대손충당금의 원리와 개념을 정확히 알고 있다면 안팎의 경제 환경에 따라 기업 혹은 업종에 어떤 영향이 있을지 전망할 수 있습니다.

JP모건 주가

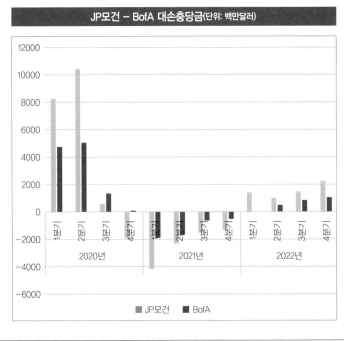

JP모건 – BofA 대손충당금(단위: 백만달러)

재고자산과 매출채권은 기업이 만든 제품이 얼마나 잘 팔려 나가는지, 또 얼마나 실제로 현금으로 들어오는지를 보여줍니다. 아무리 좋은 물건을 만들어도 팔리지 않으면 쓸모가 없으며, 잘 팔렸더라도 거래 상대방이 제때 돈을 주지 않으면 유동성에 문제가 발생합니다. 문제가 누적되면 손익계산서로는 분명 이익이 났지만 정작 현금이 없어 기업이 망할 수 있습니다. 이를 흑자도산이라고 합니다. 분명 순이익은 플러스 행진을 하는데 막상 금고에 현금이 없는 것입니다. 그러면 제때 직원들 월급을 줄 수 없고, 원자재를 사올 수도 없습니다. 가장 심각한 건 채무 상환을 할 수 없게 되는 것이죠. 그러면 최악의 경우 채무불이행(디폴트)에 빠져 파산하는 것입니다.

유·무형자산이 기업의 심장이라면 재고자산과 매출채권은 그 심장에서 만들어낸 피가 잘 돌아가도록 하는 대동맥이라 할 수 있습니다. 재고자산과 매출채권을 '운영자본(working capital)'이란 하나의 개념으로 재무 분석에 많이 활용하는 이유입니다. 이에 대한 좀 더 자세한 설명과 활용법은 6장에서 본격적으로 다루겠습니다.

목욕물 버리려다 애까지 떠밀려 버릴라, 빅배스

빅배스(big bath)라는 말을 한 번쯤 들어봤을 것입니다. 목욕물을 한꺼번에 확 버린다는 것으로, 비용을 대규모로 일시에 반영해 버리는 것입니다. 이때 쏟아져 나오는 비용은 재무상태표의 자산으로 잡혀 있지만 손실이 날 것으로 예상됐던 것들입니다. 앞서 설명한 매출 채권 대손충당금, 재고자산 평가손실금, 개발이 진행 중인 유·무형 자산 등이 바로 목욕물인 셈입니다. 떼일 것 같은 돈, 안 팔릴 것 같은 재고, 돈벌이가 안 될 것 같은 유·무형자산을 그대로 손실로 보고 비용으로 처내버리는 것입니다. 빅배스를 단행해 비용으로 일거에 처리하게 되면 순이익은 크게 감소하게 됩니다. 갑자기 수천억의 비용이 발생하니까요.

2013년 4분기 KT가 대표적인 경우입니다. 2013년 4분기 KT는 약 5,400억의 순이익 적자를 기록했습니다. 당시 새로 취임한 경영진이 앞선 경영진이 추진해온 전산시스템 통합을 위한 투자 9,000억 가운데 2,700억을 순손실로 처리해 버린 탓입니다. 새로운 유·무형자산이 될 것으로 보고 전임 경영진이 꾸준히 투자를 해 왔는데 새 경영진은 문제가 있다고 보고 자산화를 시켜놓은 것을 비용으로 털어내 버린 것이죠. KT의 사례에서 보듯 빅배스는 경영진이 교체될 때 많이 발생합니다. 새 경영진 입장에선 이전 경영진보다 우월한 성과를 내야 합니다. 물론 실제로 경영을 잘해서 이익을 많이 내는 것이 가장 좋지만 그건 단기간에 내기 어려운 성과입니다. 내가 최고가 돼야 하는데 스스로 돋보이기 어렵다면 상대를 깎아내리면 됩니다. 마치 백설공주를 죽여서 자신이 세상에서 가장 예쁜 사람이 되겠다고 한 마녀처럼 말이죠.

예를 들어 A기업의 새 CEO가 10월에 취임했습니다. 새 CEO는

12월 결산 때 대규모 빅배스를 단행하도록 지시합니다. 그러면 그해 순이익은 박살이 납니다. 이제 막 취임한 CEO는 "과거의 묵은 때를 씻어내고 새 출발하자" 같은 신년사를 내보냅니다. 그리고 이듬해가 되면 실적은 평년 수준만 기록해도 전년 대비로는 당연히 크게 뜁니다. 기저효과입니다. 그 공로는 새 CEO가 누리게 됩니다.

같은 이유로 가업 승계 과정에서도 빅배스를 자주 볼 수 있습니다. 2세나 3세가 경영권을 세습하기 직전에 대규모 빅배스를 단행하면 이익은 급감합니다. 이후 가업을 승계받은 자손이 경영에 나선 뒤엔 가만히 있어도 기저효과로 인해 실적이 크게 뛰게 됩니다. 어떤 기업의 실적을 비교할 때 절대 금액뿐 아니라 '전년 대비'로 얼마나 뛰었는지도 중요한 투자 의사결정 정보입니다. 하지만 빅배스를 정확히 이해하지 못한 채 그냥 회사가 주는 대로 숫자를 받아들이면 실제 기업의 성과는 변동이 없는데 마치 엄청난 실적 개선을 이룬 것 같은 착시효과에 속을 수 있습니다.

5장

현금흐름표:
이익의 질을
보여주다

재무상태표와 손익계산서는 기업의 생산·영업활동과 수익성을 보여주는 것으로, 그 흐름을 따라가면 둘은 한 몸으로 연결돼 있단 것을 알 수 있습니다.

여기에 추가로 함께 확인해야 하는 재무제표 중 하나가 현금흐름표(cash flow statement)입니다. 현금(cash)이 얼마나 늘었는지 줄었는지는 재무상태표 자산의 현금 항목을 보면 바로 알 수 있습니다. 현금흐름표는 그 현금이 왜 늘었는지 줄었는지를 보여주는 것으로, 이익의 질을 가늠할 수 있게 합니다.

숫자는 분석의 재료…최악의 분식과 최고의 성장 기업으로 비교·분석해보는 현금흐름표

현금의 증감은 크게 세 가지 요인으로 이뤄집니다. 가장 먼저, 기업이 본업을 통해 벌어들이거나 손해를 보는 경우가 있습니다. 이처럼 영업활동에 따른 현금 변화는 영업현금흐름(CFO)으로 분류합니다. 순이익에서 감가상각비 같은 비현금 비용(non-cash charge)을 더하고 운전자본(working capital) 증가분을 빼주면 영업현금흐름이 됩니다. 영업현금흐름은 기업이 수치로 공시하기 때문에 구체적인 계산 방법을 알 필요는 없습니다. 다만 운전자본의 증감에 따라 영향을 받는다는 것은 숙지하고 있어야 합니다. 재무상태표 자산의 매출채권이나 재고자산이 증가하면 그만큼 현금이 아직 회수가 안 됐거나 현금이 빠져나갔다는 뜻입니다. 그래서 순이익에서 이를 차감해야 합니다. 반면 매입채무 같은 부채 항목의 운전자본이 증가하면 현금이 내 수중에 있다는 뜻이므로 순이익에서 더해야 합니다.

투자현금흐름(CFI)은 유·무형자산 등의 투자활동에 돈을 얼마나 썼는지를 보여줍니다. 공장을 열심히 짓고, 신제품 개발을 위한 특허권이나 상표권 같은 무형자산을 사들이면 투자현금흐름은 마이너스를 기록합니다. 차입이나 유상증자 같은 외부 자금조달 금액은 재무현금흐름(CFF)으로 분류합니다. 정부 보조금으로 들어온 돈도 CFF로 처리합니다. 각각의 현금흐름은 재무상태표와 손익계산서를 세분화해 도출한 뒤 별도로 '현금흐름표'란 이름으로 공시합니다.

가볍게 일반론에 입각해 각 현금흐름에 대한 감을 잡아 볼까요. 일반적으로 스타트업 같은 초기 단계 기업이라면 영업현금흐름은 마이너스입니다. 아직 제대로 무언가를 생산하거나 수익을 올리지 못하는 경우가 대부분입니다. 투자현금흐름 역시 마이너스일 수밖에 없습니다. 생산설비를 사들이거나 사무실을 차리는데 많은 돈이 들기 때문입니다. 반면 여기저기서 돈을 빌려오거나 투자를 받기 때문에 재무현금흐름은 플러스입니다. 이처럼 초기 단계 기업의 현금흐름표를 요약하면, 외부에서 조달한 자금으로 열심히 투자를 해 돈 벌준비를 하는 것을 알 수 있습니다. 성숙기에 접어든 기업은 일반적으로 모양이 달라집니다. 성숙 기업은 안정적으로 생산·영업활동을 하며 돈을 벌어옵니다. 때문에 영업현금흐름은 플러스입니다. 투자현금흐름은 여전히 마이너스라야 긍정적입니다. 지속적인 투자는 기업 성장의 기본 전제이기 때문입니다. 재무현금흐름도 마이너스인 경우가 많습니다.

영업현금흐름은 플러스, 투자현금흐름은 마이너스, 재무현금흐름도 마이너스라는 걸 해석해보죠. 열심히 번 돈으로 계속 투자를 하고 그간 빌린 돈도 갚아 나가는 것입니다. 배당을 준 것도 재무현금흐름의 마이너스로 작용합니다. 배당까지 줄 정도로 이익이 늘어 어느 정도 궤도에 올랐다면 성숙 기업의 더할 나위 없는 본보기입니다.

영업현금흐름은 실제 현금이 얼마나 늘었는지 보여준다는 점에서 손익계산서의 당기순이익과 다릅니다. 손익계산서의 매출과 비용은 발생주의와 대응원칙에 따라 인식합니다. 때문에 실제 현금이 들어오지 않았더라도 매출로 인식할 수 있고 그에 대응해 비용을 차감하게 됩니다. 이 과정에서 매출채권 같은 계정과목이 생겨나는 것입니다. 앞서 설명한대로 현금이 제대로 돌지 않으면, 마치 우리 몸 어딘가 혈관이 막혀 건강에 이상이 생기는 것처럼, 기업에도 심각한 경고등이 켜집니다.

현금흐름표, 특히 영업현금흐름은 운전자본(working capital)이란 대동맥 줄기에 실제 피(현금)가 얼마나 잘 도는지를 보여준다고 할 수 있습니다. 현금흐름표가 이익의 질(quality)을 보여주는 것이죠. 예를 들어 내가 운영하는 치킨집은 그날그날 손님들이 모두 현금으로 계산하는 반면 건너편 치킨집은 모두 외상으로 사간 뒤 1개월이 지난 뒤에야 정산을 한다고 해보죠. 나는 당장 현금을 손에 쥘 수 있습니다. 반면 건너편 치킨집은 행여나 정산이 밀리진 않을까, 심지어 외상값을 떼어 먹지는 않을까 걱정해야 합니다. 또 실제로 그런 불상사가 일어날 수도 있습니다. 이 경우 이익이 같더라도 내가 벌어들인 '이익의 질'이 건너편 치킨집보다 훨씬 우수하다 할 수 있습니다. 물론 이는 두 치킨집의 이익에 별 차이가 없다는 것을 전제로 합니다. 아무리 건너편 치킨집의 이익의 질이 떨어진다고 해도 현금만 받는 내 치킨집은 한 달에 100만 원을 버는데 건너편 치킨집은 1,000만 원을 번다면 현금을 고집하는 내 경영방식이 옳다고 할 수 없습니다. 오히려 적당히 외상도 받아가면서 매출을 늘리고, 대신 확실히 현금을 회수할 방법을 강구하는 것이 더 현명한 경영 판단이라 할 수 있습니다. 기업 경영에 정답이란 없습니다.

당기순이익과 영업현금흐름을 볼 땐 둘의 관계가 일정한지를 보는 것이 중요합니다. 순이익이 늘면서 영업현금흐름도 엇비슷하게 느는 것이 일반적이며 긍정적 시그널입니다. 당기순이익 증가하면 영업현금흐름도 늘고, 반대로 당기순이익이 감소하면 영업현금흐름도 정도의 차이는 있지만 줄어들게 됩니다. 그 흐름이 계속해서 이어진다는 것은 기업의 대동맥에 특별한 문제가 없으며 피가 잘 돌고 있다는 의미입니다. 하지만 가끔 순이익은 늘어났는데 영업현금흐름은 감소하는 경우가 있습니다. 매출채권이 계속 누적되는 경우가 대표적입니다. 앞선 치킨집의 예에서 외상값이 자꾸 쌓이는 것과 같습니다. 원래 한 달 뒤 정산을 했는데 두 달이 지나도, 세 달이 지나도 정산을 안 합니다. 그런데 계속해서 치킨은 사갑니다. 그러면 매출은 늘겠지만 실제 손에 들어오는 현금은 없습니다.

기업도 마찬가지입니다. 매출로 잡히면서 손익계산서상 이익은 났는데 매출채권이 악성으로 쌓이기 시작하면 실제 기업의 현금 곳간은 텅 비게 됩니다. 이 상태가 심각해져 최악으로 치달으면 흑자도산까지 이르게 됩니다. 반대로 순이익은 정체되거나 줄었는데 영업현금흐름은 증가하는 경우도 있습니다. 한 달 뒤에 받으러 가던 외상값을 열흘 만에 찾아가 받아와 버리면 그렇게 됩니다. 혹은 원래 10,000원에 팔던 치킨을 5,000원에 팔면서, 대신 현금 결제만 하도록 유도한 경우일 수도 있습니다. 기업으로 해석하면, 전자는 매출채권 회수(현금화)를 굉장히 강하게 하는 '갑질'을 의심할 수 있습니다. 후자의 경우 재고자산의 완제품을 매우 싸게 덤핑 판매했을 가능성이 있습니다. 어느 쪽으로든 바람직하지 않으며 이익의 지속가능성도 떨어집니다. 때문에 순이익과 영업현금흐름은 서로 일정하게 같은 흐름을 보여야 정상적이고 기업이 안정적으로 운영되고 있다고 볼 수 있습니다. 다만 이는 어디까지나 일반적인 논리로, 실제 기업 사례를 보면 덮어놓고 결론을 내리기 어려운 경우가 많습니다.

중요한 것은 재무상태표와 손익계산서, 현금흐름표를 어느 하나만 떼놓고 보면 안 된다는 것입니다. 셋을 함께 보고 자금의 흐름을 이해하면서 셋을 종합적으로 분석할 수 있어야 제대로 된 투자 의사 결정을 내릴 수 있습니다. 다음은 어느 기업의 재무상태표와 손익계산서, 현금흐름표를 요약한 것입니다. 지금까지 읽은 내용을 바탕으로 이 기업의 건강 상태를 가늠해볼 수 있으신가요? 이 기업 주식, 살까요? 말까요?

재무상태표(단위: 백만원)

	당기		전기	
현금 및 현금성 자산	138,783	0.7%	382,929	2.1%
매출채권	623,511	3.1%	606,482	3.3%
미청구공사	7,395,922	36.5%	5,868,083	31.7%
재고자산	2,019,225	10.0%	1,181,813	6.4%
유형자산	6,232,975	30.7%	6,211,055	33.6%
자산 총계	20,289,609		18,488,878	
부채 총계	15,526,006		13,709,508	
자본 총계	4,763,603		4,779,370	

손익계산서

	당기	전기
매출액	16,786,278	15,305,281
매출원가	15,643,391	14,277,299
매출총이익	1,142,887	1,027,982
판매비	176,988	152,126
관리비	425,732	341,386
영업이익	471,135	440,904

현금흐름표

	당기	전기
영업활동으로 인한 현금 흐름	−560,227	−1,197,909
투자활동으로 인한 현금 흐름	−199,165	−157,040
재무활동으로 인한 현금 흐름	520,748	1,462,521

결과부터 말씀드리면 2000년대 이후 국내 대기업 최악의 분식으로 꼽히는 대우조선해양의 2014년 재무제표입니다. 매출과 영업이익은 2013년보다 2014년 소폭 증가했습니다. 하지만 대우조선해양은 이듬해인 2015년 대규모 적자를 공시한 뒤 결국 수년간 숨겨왔던 분식을 실토하게 됩니다. 그럼 하나씩 뜯어보겠습니다. 많은 투자자가 우선 손익계산서부터 봅니다. 매출과 영업이익, 순이익은 별다른 분석이랄 것도 없이 바로 회사의 수익성을 보여주기 때문이죠. 말씀드린 대로 매출과 영업이익은 별 문제가 없어 보입니다. 손익계산서만 보면 이 기업이 문제가 있다고 말하기 어렵습니다. 당시 조선업은 장기 침체로 대부분 조선사들이 적자 늪에서 허우적대고 있었습니다. 경쟁 기업이 적자를 내는데 대우조선해양만은 엄청난 이익을 내고, 더군다나 매출과 이익 모두 성장하고 있었습니다. 남다른 경쟁력을 갖췄다고 해석할 수도 있습니다. 실제 당시 조선업 담당 증권사 애널리스트 거의 전부가 대우조선해양을 업종 최선호주로 추천했습니다.

재무상태표로 넘어와 보겠습니다. 핵심은 자산입니다. 분석을 하려면 그중에서도 금액이 큰 것들을 발라내야 합니다. 유형자산, 재고자산, 매출채권(미청구공사), 현금 이렇게 4개가 핵심입니다. 자잘하고 지엽적인 계정을 모두 다 보겠다는 것은 효과적이지도 않으며 오히려 제대로 된 분석에 방해만 될 뿐입니다. 절대금액도 중요하겠지만 더 중요한 건 각각의 비율입니다. 또 그 비율이 전년에 비해 늘었

느지 줄었는지도 봐야 합니다. 전체 자산에서 유형자산과 재고자산, 매출채권 및 미청구공사, 현금의 비중을 따져보죠. 미청구공사 비중이 눈에 띄게 높습니다. 조선업은 당연히 배를 만들 엄청난 시설과 기계설비 같은 유형자산이 필요합니다. 그 유형자산보다 미청구공사 비중이 크네요. 더군다나 미청구공사는 1년 새 5%포인트 이상 급등했습니다. 미청구채권은 앞서 '수주산업의 매출 인식-비용 대응'에서 봤듯이 매출채권 가운데 발주처가 동의하지 않은 공사 진행률 부분입니다. 선박 건조를 맡은 조선사는 매출로 잡았지만 돈을 줘야할 발주처는 못 주겠다고 거부한 것입니다. 조선사는 손익계산서에 매출로 인식했고 그에 따라 이익도 발생했지만 실제 현금은 들어오지 않습니다. 때문에 미청구채권이라는 별도 계정을 만들어 표시합니다. 유형자산은 제조업의 심장이고 재고자산과 매출채권(및 미청구공사)은 그 심장에서 만들어낸 신선한 피가 흐르는 대동맥입니다. 미청구공사가 이렇게 많다는 건 우리 몸으로 따지면 혈관이 어딘가에서 꽉 막혀버린 셈입니다.

이제 현금흐름표로 가보죠. 현금흐름표를 보면 이 기업의 건강에 얼마나 적신호가 켜졌는지를 바로 알 수 있습니다. 미청구공사가 많다는 것에서 알 수 있듯, 매출은 잡았지만 실제 돈이 들어오진 않았으니 영업현금흐름은 엄청난 마이너스를 이어오고 있습니다. 재무현금흐름을 보시죠. 계속해서 막대한 금액이 플러스입니다. 영업으로 돈을 벌어오지 못하니 외부에서 빌려오거나 증자를 해서 현금을 끌어다 쓰고 있는 것입니다. 그 돈으로 거래처 대금을 지급하거나 임직원 월급을 주는 것이죠.

투자현금흐름 규모를 보면 사실상 투자도 못하는 것을 알 수 있습니다. 대부분의 돈이 임금이나 원자재 지급 대금 등으로 쓰였습니다. 특히 손익계산서상 막대한 이익이 났다는 것을 근거로 성과급 잔치를 벌이고 임원들은 두둑한 보너스도 챙겼습니다. 어떻게 이런 일이 가능했을까요? 2015년 분식이 터지고 나서야 2014년 재무제표를 보니깐 기가 찹니다. 정답을 알고 나서 뒤늦게 따져보면 참 쉽습니다. 하지만 이 같은 대우조선해양의 분식은 거의 10년 가까이 이어졌습니다. 자본시장에서 활동하는 전문가 어느 누구도 현금흐름표를 보지 않은 것입니다. 손익계산서의 매출과 이익을 보고 대우조선해양을 담당하는 증권사 애널리스트들 모두가 매수 추천을 했습니다. 소를 잃기 전에 외양간을 잘 살펴봤으면 좋았겠지만, 어쨌든 이 분식 사건은 현금흐름표 중요성이 대두되는 계기가 되었습니다.

재무분석에서 주의할 점은 숫자를 보고 섣불리 결론을 내면 안 된다는 것입니다. 대우조선해양의 경우 영업현금흐름은 마이너스, 재무현금흐름은 플러스였습니다. 아래 기업도 이름을 먼저 공개하기 전에 현금흐름표부터 보시죠.

재무상태표(단위: 백만원)

	당기		전기	
현금 및 현금성 자산	360,810	10.7%	126,538	8.9%
매출채권	877,390	26.0%	247,398	17.4%
재고자산	856,392	25.4%	339,395	23.8%
유형자산	1,003,530	29.7%	638,848	44.8%
자산 총계	3,374,166		1,425,857	
부채 총계	1,885,951		829,712	
자본 총계	1,488,215		596,145	

손익계산서

	당기	전기
매출액	5,357,607	1,485,628
매출원가	4,841,442	1,295,494
매출총이익	516,164	190,133
판관비	135,487	75,102
영업이익	380,676	115,031

현금흐름표

	당기	전기
영업활동으로 인한 현금 흐름	−241,250	−100,889
투자활동으로 인한 현금 흐름	−534,742	−237,286
재무활동으로 인한 현금 흐름	993,243	383,583

영업현금흐름은 마이너스, 투자현금흐름도 마이너스입니다. 재무
현금흐름은 플러스인데 1년 사이 2.5배 이상 크게 늘었습니다. 기업

본연의 생산·영업활동으로는 돈을 못 벌고 있는 상황에서, 외부에서 엄청나게 차입을 끌어오거나 유상증자를 했다는 뜻입니다. 대우조선해양의 그림자가 엿보이나요? 일단 손익계산서부터 보시죠. 매출과 영업이익이 폭발했습니다. 재무상태표로 넘어가보죠. 유형자산과 재고자산, 매출채권, 현금이 모두 크게 늘었습니다. 특히 총 자산에서 차지하는 비중을 보면 매출채권 비중이 전년 17.4%에서 올해 26.0%로 급증했습니다. 이것 역시 대동맥에 문제가 생겼다는 신호로 봐야할까요?

이 기업은 2022년 에코프로비엠입니다. 이 당시 2차전지 관련 기업들은 관련 산업의 장밋빛 전망을 등에 업고 훨훨 날았습니다. 대우조선해양과 얼추 숫자는 비슷할 수 있지만 내용은 180도 완전히 다릅니다.

정답을 알고 나서 해석을 다시 전개해보죠. 유형자산 비중은 줄었지만 그 금액은 커졌습니다. 절대적인 규모가 커진 것입니다. 재고자산과 매출채권도 늘었습니다. 생산시설이나 기계설비 등을 크게 늘려서 원재료를 사다 제품을 공격적으로 생산해낸 것입니다. 매출채권이 크게 늘었단 것은 그렇게 생산한 제품이 팔려 나갔지만 아직 현금으로 돌아오진 않았단 뜻입니다. 이건 크게 두 가지로 해석이 가능합니다. 갑자기 너무 많은 제품이 팔려 나가면서 원래 회수여력을 넘어선 경우입니다. 또는 2022회계연도 종료를 앞두고 매출이 급증한 탓에 어쩔 수 없이 매출채권으로 잡아야 했을 수 있습니다. 예를 들어 보통 2개월이면 매출채권이 현금으로 회수된다고 해보죠. 9월에 매출 100억 원을 올렸다면 11월까지는 매출채권으로 잡혀 있다 그 후 현금으로 전환됩니다. 그런데 12월에 100억 원을 팔았다면 현금이 회수되기 전에 2022회계연도 회계처리가 종식되니 그대로 100억 원이 매출채권으로 잡힙니다. 어느 쪽이든, 현금 규모와 비중 모두 증가한 것을 보면 큰 문제는 없어 보입니다. 더군다나 손익계산서 매출을 보면 3.6배가 급증했습니다. 엄청나게 제품이 잘 팔려 나간 것을 알 수 있습니다. 재고자산과 매출채권이 늘어난 것이 문제가 되지 않습니다.

자연히 현금흐름표를 보는 시선도 긍정적일 수밖에 없습니다. 아직 영업현금흐름이 플러스가 아닌 것은 다소 아쉽습니다. 하지만 매출이 폭발적으로 성장하거나, 할 것으로 강하게 확신이 되는 상황에서 적극적인 차입과 대규모 유상증자로 자금을 조달해 투자를 하는 것은 현명한 경영 판단입니다. 재무현금흐름과 투자현금흐름이 마이너스이면서 전년에 비해 크게 늘어난 것은 이 때문입니다. 2014년 대우조선해양과 2022년 에코프로비엠의 재무제표를 통해 언뜻 비슷해 보이는 재무 구조라도 결과와 해석은 전혀 다르다는 것을 알 수 있습니다. 서문에서 강조했듯 숫자로 가득한 재무제표만 봐서는 올바른 투자의사 결정을 내릴 수 없습니다. 산업과 기업의 동향, 흐름을 파악하고 있지 못한 상태에서 숫자에 매몰되면 엉뚱한 결론에 다다를 수 있습니다. 2014년의 대우조선해양과 2022년의 에코프로 비엠은 너무나 유명한 사례이기 때문에 헷갈릴 수가 없을 것입니다. 하지만 이는 어디까지나 결과를 알고 나서 뒤돌아 봤기 때문입니다. 결과론의 함정을 조심해야 합니다.

현금을 보는
또 다른 지표

EBITDA: 기업 가치 평가의 필수 지표

현금흐름표는 이익의 질을 보여주는 재무제표입니다. 현금주의가 아닌 발생주의 회계처리 원칙으로 인해 생기는 재무제표와 실제 현금 보유 간 괴리를 줄여주기 위한 보조적 수단입니다. 그만큼 현금은 기업 분석에 중요하기 때문에 재무 분석 목적으로 다양한 현금 관련 지표들이 존재합니다. 기업이 얼마나 현금을 창출해내는지 보는 것은 그 기업의 가치(EV-enterprise value)를 추정하는 데 매우 중요합니다. 또 유동성 리스크를 가늠하는데도 핵심적입니다. 이는 손익계산서의 이익만으로는 파악하는데 한계가 있습니다. 똑같이 100억의 영업이익을 내는 A, B기업이 있습니다. A기업은 지난해 공장을 새로 세우는 등 대규모 투자를 단행해 올해 감가상각비가 50억 발생했습니다. B기업은 그간 별다른 유·무형자산 투자를 하지 않아서 감가상각비가 제로(0)입니다. 이 경우 지금 당장은 A, B기업의 이익은 같습니다. 그러나 앞으로 누가 더 많은 이익을 창출할 것으로 기대 되냐고 묻는다면? 단연 더 많은 투자를 한 A기업이라 할 수 있습니다. 많은 자본적 지출(CAPEX)을 하고도 이익이 동일하게 낸 A기업의 가치가 더 높습니다.

이 때문에 기업가치를 평가할 땐 손익계산서상 이익보다 EBITDA(에비타)를 더 많이 활용합니다. EBIT는 Earnings Before Interest and Tax expense의 앞글자를 딴 것으로 영업이익을 가리킵니다. 손익계산서의 맨 아래에 있는 순이익에서부터 거꾸로 거슬러 올라간 개념입니다. DA는 유형자산 감가상각(Depreciation)과 무형자산 상각(Amortization)의 앞글자입니다. 즉 EBITDA는 영업이익에서 유·무형자산 감가상각 금액을 추가한 것입니다. EBITDA로 보면 A기업은 150억, B기업은 100억입니다. A기업이 투자를 많이 했고 그에 따라 감가상각 비용이 발생했으니 A기업의 EBITDA가 더 높습니다. EBITDA가 가장 많이 활용되는 건 인수합병(M&A)를 위한 기업가치 평가에서입니다. 기업의 가치(EV)가 그해 EBITDA의 몇 배나 되는지를 측정하는 EV / EBIDTA 비율이 대표적입니다. 방금 언급한 A, B 두 기업이 M&A 매물로 나와서 두 기업의 적정 가치를 평가해야 한다고 해보죠. 두 기업이 속한 업종의 평균 EV / EBITDA 비율은 5배라 가정합니다. 한 해 벌어들이는 EBITDA의

5배 정도면 기업의 적정한 몸값이라는 것입니다. A기업의 EBITDA는 150억이므로 A기업의 가치는 단순 산술을 적용하면 750억입니다. B기업의 EBITDA는 100억이므로 기업가치는 500억입니다. 이를 근거로 경영권 프리미엄과 시너지 효과 등 무형의 가치를 가감해 M&A 당사자 간 협상이 벌어집니다.

EBITDA는 기업 유동성 위험을 가늠하는 데에도 많이 활용합니다. 유·무형자산의 감가상각 비용은 당기에 실제로 돈이 빠져나간 건 아닙니다. 회계상 비용입니다. 때문에 기업이 당면한 빚을 갚을 수 있는지 여부는 순이익보다 감가상각 비용이 제외되기 전 수치인 EBITDA가 더 적합합니다.

기업의 유동성 리스크를 측정하는 지표로도 EBITDA는 널리 활용됩니다. 앞서 부채를 설명하면서, 부채에는 채무를 뜻하는 금융부채뿐 아니라 영업활동에 따른 영업부채도 포함돼 있다고 설명했습니다. 매입채무가 대표적입니다. 영업부채는 그 규모가 지나치게 크면 문제가 있지만 일반적으로 유동성과 당장 직접적 관련은 없습니다. 신용평가사 등이 유동성을 따질 때는 전체 부채를 가지고 단순 부채비율을 계산하지 않습니다. 전체 부채 가운데 영업부채를 제외한 '이자가 발생하는 부채(=이자부 부채-debt)'만 따로 발라내 분자에 둡니다. 분모에는 EBITDA를 둡니다. 바로 이 debt/EBIDTA 비율이 실제 기업 유동성을 측정하는 지표로 많이 활용됩니다. 보통 debt/EBITDA가 3을 넘어가면, 즉 이자부부채가 감가상각 비용을 제하기 전 이익보다 3배를 넘어서면 유동성 위험이 있다고 봅니다. 글로벌 최대 시가총액 기업인 애플의 경우 부채비율은 400~500%에 달합니다. 엄청나게 높죠. 하지만 어째선지 그 어느 누구도 애플의 유동성 문제를 지적하지 않습니다. debt/EBITDA는 1배가 채 되지 않기 때문입니다.

잉여현금흐름: 적정주가의 길잡이

잉여현금흐름(FCF)는 앞서 살펴 본 현금흐름표 가운데 영업현금흐름에서 조금 더 분석 기법을 정교하게 한 지표입니다. 영업현금흐름은 순이익에서 비현금비용(Non-cash Charge)을 더하고 운전자본(Working Capital) 증가분을 차감해 구한 개념이라고 설명했습니다. 잉여현금흐름은 여기서 한발 더 나아가 자본적 지출(CAPEX)까지 빼줍니다. 즉 유·무형자산에 대한 대규모 투자를 하고도 남은 현금 흐름을 보겠다는 것입니다. 특히 잉여현금흐름 가운데 차입 상환에 쓴 돈과 신규 차입금을 더하고 빼주면 오로지 주주에게 돌아가는 잉여현금흐름이 남게 됩니다. 그것이 FCFE(Free Cash Flow to the Equity)입니다. FCFE는 기업이 벌어들이는 현금 가운데 주주의 몫을 의미합니다. 주가의 내재가치(≒적정 주가)를 산출하는 현금흐름 할인모형(DCF=Discounted Cash Flow) 등에 활용합니다. 개념과 구하는 방식이 다소 복잡하지만, 쉽게 말해 잉여현금흐름은 기업이 벌어들인 이익 가운데 실제로 손에 쥐는 현금에 가장 가까운 지표라고 생각하면 됩니다.

6장

최신 사례로 배우는
재무분석

지금까지 이 책은 기초적인 회계 원리와 개념에 대한 이해를 도왔습니다. 이제부터는 이 같은 기본 바탕을 이용해 실제 기업의 사례를 가지고 분석을 하는 방법을 소개하겠습니다. 재무 분석은 대상이 되는 기업과 업종이 천차만별인 데다 재무 이벤트의 성격도 각양각색입니다. 무턱대고 분석을 하겠다면서 재무제표를 열어보면 어디부터 어떻게 봐야 할지 막막합니다. 무엇보다, 말씀드린 것처럼 재무제표는 제3자에게 유용한 정보를 제공하기 위해 기업이 작성한 것입니다. 제3자 중에서도 채권자가 가장 우선순위입니다. 이는 손익계산서에서 비용을 제하는 순서를 봐도 알 수 있습니다. 맨 위에 매출이 나오면 그 뒤부터 그 매출을 일으키는 데 들어가는 직·간접비용인 매출원가와 판관비를 제합니다. 그리고 이자를 주고 세금을 냅니다. 그러고도 돈이 남으면 배당을 통해 주주에게 줄 수 있습니다.

이자가 세금보다 위라는 것은 채권자 몫부터 챙겨주고 나서 그 다음이 정부, 마지막이 주주라는 것을 의미합니다. 주식투자자는 채권자와는 다르게 재무제표를 봐야 합니다. 그러기 위해선 당연히 분석 방법이 채권자와 달라야 합니다. 그래서 재무 분석의 기본 틀 혹은 가장 보편화된 방법을 활용하는 연습이 필요합니다. 분석의 기본 틀은 분석해야 할 포인트를 짚고 제대로 된 분석을 해나가는 데에 아주 좋은 길잡이 역할을 할 것입니다.

다만 명심해야 할 것이 있습니다. 재무 분석은 실패하지 않는 투자를 위해 꼭 필요합니다. 성공적인 투자와 실패하지 않는 투자는 엄연히 다릅니다. 적어도 성공적 투자를 주가 수익률로 평가한다면 말입니다. 재무적으로 탄탄한 기업이라도 주가는 다른 이유 때문에 지지부진할 수 있습니다. 하지만 재무적으로 부실한 종목이 중장기적으로 상승할 가능성은 더 낮습니다. 이렇게 비유할 수 있습니다. 지금까지 쭉 상위권을 유지해온 학생이 이번 시험에선 잠깐 실수를 하거나 개인적인 곤란 때문에 성적이 곤두박질치는 경우는 있을 수 있습니다. 반대로, 계속해서 바닥을 헤맨 학생은 어지간해서는 당장 눈에 띄는 발전을 이뤄내기 어렵습니다. 갑자기 어느 날 전교 1등을 할 가능성은 더더욱 없습니다.

재무 정보는 과거부터 현재까지 기업이 거둔 성적표입니다. 재무 분석을 잘하면 최소한 걸러야할 종목을 찾아내는 눈을 갖게 되는 것입니다. 그리고 그것은 실패하지 않는 투자의 밑바탕이 됩니다. 실패하지 않는 투자가 누적되면 그것이 바로 성공과 다르지 않을 것입니다.

6-1

ROE는 수익성 지표가 아닌 재무 분석의 틀

회계를 모르더라도 투자에 관심이 있는 분이라면 자기자본수익률(ROE)은 들어 보셨을 것입니다. 순이익(Return)을 자기자본(Equity)으로 나눈 것입니다. 1억 원을 들여 차린 치킨집으로 1년에 1,000만 원을 벌었다면 ROE는 10%입니다. 2,000만 원을 벌었다면 ROE는 20%입니다. 수익성을 보여주죠. ROE가 높을수록 수익률이 좋다는 의미입니다. 자연히 주식시장에서 ROE가 높은 주식은 그렇지 못한 주식보다 고평가를 받습니다. 또 ROE가 높아질 것으로 기대되면 주가가 오릅니다. '투자의 귀재' 워런 버핏이 가장 기본적으로 보는 지표가 바로 ROE라는 건 널리 알려져 있습니다.

재무 분석 측면에서 ROE는 조금 더 큰 의미를 갖습니다. 단순한 수익성 지표가 아니라 재무 분석의 기본 틀입니다. ROE는 순이익률, 자산회전율, 레버리지 등 3개로 세분화할 수 있습니다. 이는 나일론 개발로 유명한 미국 화학소재기업 듀폰이 경영기법의 하나로 도입한 것으로, 듀폰 분석(Dupont analistic) 혹은 듀폰 모델(Dupont model)로 불립니다.

듀폰모델로 재구성한 ROE

$$ROE = \frac{NI}{EQUITY} = \frac{NI}{SALES} \times \frac{SALES}{ASSET} \times \frac{ASSET}{EQUITY}$$

순이익률
(수익성)

자산회전율
(자산의 효율적 활용)

재무구조
(레버리지)
(A=L+E)

ROE가 올랐다면 왜 올랐는지 그 원인을 파악하고, 앞으로 ROE를 향상시키기 위해선 어떻게 해야 하는지, 그 방법을 모색하는 틀로 ROE를 재구성한 것이 바로 듀폰 모델입니다. 순이익률은 매출에서 얼마나 이익이 남는지, 수익성을 측정합니다. 똑같이 100만 원을 벌었더라도 나는 10만 원을, 경쟁사는 20만 원을 남겼다면 상대의 수익성이 훨씬 좋은 것이고 ROE는 더 높습니다.

자산회전율은 자산의 효율성을 측정한 것입니다. 자산은 유형자산, 재고자산, 매출채권, 현금 이렇게 4가지가 핵심 중추라고 했습니다. 유형자산인 공장에서 열심히 제품을 잘 만들어내고 그 제품을 내다판 뒤 최종적으로 현금 회수까지 수월하게 이뤄지면 자산의 효율성이 높은 것입니다. 공장 같은 유형자산은 가동률이 중요합니다. 재고자산과 매출채권은 회전율 개념으로 효율성을 측정합니다. 그렇게 벌어들인 현금이 다시 기업의 심장이라 할 수 있는 유·무형자산에 얼마나 잘 재투자되는지를 체크하는 것 역시 중요합니다. 수익성과 자산효율성은 기업의 재무 분석을 할 때 가장 중요한 두 축이자 기업의 성장을 이끄는 원동력이라 할 수 있습니다. 이 두 원동력을 기본으로 해서 재무 분석을 하는 것이 유용한 이유입니다.

마지막 레버리지는 기업의 재무구조를 보여주는 것으로, 분석의 직접적 대상은 아닙니다. 하지만 레버리지가 높으면 ROE가 올라갑니다. 그 이유를 이해하면 타인자본(부채)의 효율적 활용이 얼마나 중요한지를 알 수 있습니다. 우선 레버리지를 살펴본 뒤 본격적으로 실제 사례를 통한 수익성과 자산효율성을 통한 재무 분석에 들어가겠습니다.

ROE 분석 1: 재무 레버리지

애플의 적극적인 주주환원이 주가 상승을 이끄는 이유

ROE의 맨 끝인 세 번째 단은 자산을 자본(=순자산)으로 나눈 것입니다. 자산은 항등식에 따라 부채와 자본의 합입니다. 때문에 부채비율이 올라가면 세 번째 단도 증가하고 결과적으로 ROE가 상승합니다. 부채비율이 증가하는 것은 일반적으로 기업에 대한 경고신호로 여겨집니다. 하지만 부채비율이 증가하면 수익성인 ROE가 높아집니다. 아이러니합니다. 앞서 부채를 설명하면서 '부채는 빚이 아니다'라고 강조했습니다. 그러면서 재무 레버리지에 대해서도 언급했습니다. 타인자본 조달 비용(이자)보다 수익성이 뛰어난 사업이 있다면 적극적으로 타인자본을 끌어와 투자를 최대화함으로써 수익률을 극대화할 수 있습니다. 치킨집을 차리는 데 1억 원이 들고, 1년에 1,000만 원을 벌 수 있다고 해보죠. 은행 대출 하나 없이 내 돈 1억 원으로만 시작한다면 치킨집은 하나밖에 차릴 수 없습니다. 이익은 1,000만 원이고 수익률은 10%입니다. 그런데 금리 5%로 은행 대출 1억 원을 끌어오면 치킨집을 2개 운영할 수 있습니다. 이 치킨이 워낙 잘 팔려서 두 지점 모두 이익이 각각 1,000만 원 발생합니다.

그러면 두 지점에서 발생하는 이익 합계 2,000만 원에 은행 대출에 따른 이자 비용 500만 원을 제하면 1,500만 원의 이익이 최종적으로 남습니다. 절대적인 이익 규모는 물론 수익률도 15%로 높아집니다. 이것이 타인자본 조달의 힘입니다.

타인자본을 '빚'으로 치부하고 오로지 자기자본으로만 기업 경영을 한다면 안정성은 우수할지 몰라도 성장성은 정체되거나 떨어질 수밖에 없습니다. 채권자라면 이런 선호하는 기업이겠지만 주식투자자에겐 매력적이지 않습니다. 일부 기업은 '무차입 경영'을 마치 자랑처럼 내세우는 경우가 있습니다. 하지만 성장 가능성을 스스로 옭아매는 선택이 아닐 수 없습니다. 그게 아니라면 무언가 문제가 있어 은행 차입이 쉽지 않거나 회사채 발행이 여의치 않은 기업이란 의미입니다. 어느 쪽이든 주식투자자라면 무차입 경영을 긍정적으로 보기 힘들겠죠. 다만 타인자본으로 수익성(ROE)을 높이는 데는 한계가 있습니다. 빚을 많이 내면 낼수록 이자 비용 부담이 올라가기 때문입니다. 차입금이 많아지면 이에 따른 이자 비용이 늘어나 순이익이 감소하게 됩니다. 그렇게 되면 듀폰 모델의 첫 번째 단인 수익성을 악화시킵니다. 또 부채 비율이 늘어나면 신용도 하락 등의 영향으로 금리 역시 전보다 높아지게 됩니다. 이자 부담은 눈덩이처럼 커지게 돼 순이익은 더 빠르게 줄어들게 됩니다. 전혀 차입을 하지 않는 것도 문제지만 당연히 지나치게 많은 차입을 하는 것도 문제입니다.

다만 이자 비용 증가에 따른 수익성은 훼손하지 않으면서 타인자본을 활용한 재무 레버리지 효과를 극대화하는 객관적인 황금비율은 존재하지 않습니다. 결국 각 기업의 선택과 성과에 달린 문제입니다. 투자자라면 기업의 선택이 재무 레버리지 효과 극대화라는 긍정적 성과로 나타나는지, 아니면 이자 부담에 따른 수익성 훼손이 나타나고 있는지 주의 깊게 판단해야 합니다.

　지금까지는 ROE를 높이는 재무 레버리지의 분자인 부채를 중심으로 설명했습니다. 그런데 분자를 늘리는 것뿐 아니라 분모를 줄여도 재무 레버리지 효과를 일으켜 ROE를 높일 수 있습니다. 자본 규모를 줄이면 됩니다. 방법은 주주환원입니다. 배당을 통해 이익잉여금을 줄이는 것이 가장 손쉬운 방법입니다. 또 자사주 매입·소각을 통해 유통주식수를 감소시키는 것도 한 방법입니다. 이 방법으로 ROE를 높이고 주가를 부양시켜온 대표적 기업이 미국의 애플입니다. ROE 분석 관점에서 보면 2007년 완전히 새로운 제품인 스마트폰 등장 이후 애플의 수익성은 30% 가까이 치솟았습니다. 제조업의 순이익률이 30%에 도달한다는 것은 어마어마한 것입니다. 하지만 이후 삼성전자의 갤럭시 등 경쟁상품의 등장과 수요 증가율이 둔화되면서 수익성은 다소 낮아졌습니다.

　자산회전율은 오히려 지속적으로 조금씩 하락하고 있습니다. 아이폰은 여전히 잘 팔리지만 아이폰 만큼 파격적인 혁신제품이 뒤따르지 않고 있기 때문입니다. 이에 스티브 잡스에 이어 2011년 8월 애플 최고경영자(CEO)가 된 팀 쿡은 2012년 8월 배당을 실시했습니다. 애플 창립 17년 만에 첫 배당이었습니다. 이후 애플은 적극적으로 배당을 하고 자사주를 사들이는 등 주주환원정책을 펼치고 있습니다. 심지어 회사채를 발행해 배당 재원으로 삼기도 합니다. 차입은 늘었으니 분모(부채)는 늘고, 배당을 했으니 이익잉여금 감소로 분자(자본)는 줄어듭니다.* 레버리지 효과를 극대화하는 것입니다. 이를 발판으로 애플의 ROE는 꾸준히 상승하고 있고 주가 역시 지속적으로 올랐습니다.

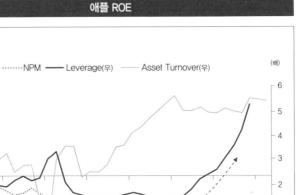

애플 ROE

· 주: NPM=Net Profit Margin

하지만 수익성과 자산효율성 증대 없이 레버리지 효과만으로 애플이 성장하는 것은 한계가 있다는 목소리도 제기되고 있습니다.

---

* 이 때문에 애플의 부채비율은 400%대를 훌쩍 넘습니다. 하지만 부채비율이 높다고 애플의 유동성 문제를 지적하는 전문가는 아무도 없습니다. 재무 분석에서 단순하고 일괄적인 비율(ratio) 분석을 하면 안 되는 중요한 실례입니다.

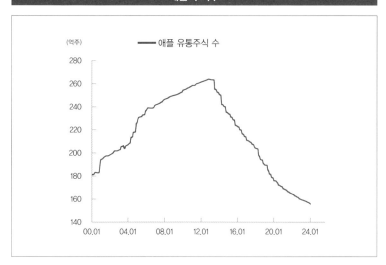

ROE만 놓고 보면 꾸준히 상승했지만 결국 속을 뜯어보면 성장이라 할 수 없단 지적이죠. 이 때문에 애플 주가는 2024년 들어 주춤했습니다. 하지만 애플이 AI를 바탕으로 혁신적인 제품을 내놓을 것이란 기대에 다시 주목 받고 있습니다. ROE의 첫 번째, 두 번째 단인 수익성과 자산효율성도 개선될 것이란 전망이 나온 것이죠. 왜 ROE 를 듀폰 모델에 따라 분석해야 하는 이제 아시겠죠? 애플의 성장성이나 주가 전망은 차치하더라도, 레버리지 활용을 통한 애플의 ROE 개선은 우리나라 기업들에 적지 않은 의미를 줍니다. 2024년 코리아 디스카운트 해소가 이슈화 되면서 저(低) PBR 종목의 주가 상승 요구가 거셉니다. 당장 기업이 실행에 옮길 수 있고, 효과도 직접 나타나는 것이 바로 주주환원에 따른 자본 감소입니다. 그렇게 되면 미국 애플과 마찬가지로 레버리지 효과가 나타나면서 수익성 증가 (=ROE 상승) 효과를 볼 수 있습니다. 다만 중장기적으로는 결국 수익성 향상, 자산효율성 증대라는 근본적인 기업 성장의 원동력이 개선돼야 한다는 점을 명심해야 합니다.

ROE 분석 2: 손익계산서 재구성을 통한 수익성 분석

기업의 손익계산서를 보면 맨 위에 매출이 있고 그 아래 매출원가와 판관비(판매비 및 관리비)가 순서대로 차감됩니다. 비용을 매출원가와 판관비로 나눈 것은 앞서 설명한대로 매출과 비용을 대응(matching)시키기 위한 것입니다. 매출을 일으키는데 직접 소요된 원재료 구입비나 감가상각비 등은 매출원가에, 그 외 광고·선전비, 유통수수료 등은 판관비로 분류합니다. 이는 기능에 따른 분류로, 각 기업의 직·간접비를 파악하는 데는 도움이 됩니다. 하지만 재무적 목적에서 손익을 분석할 때는 적합하지 않습니다. 손익 분석을 하려는 목적이 무엇인가요? 수익과 비용이 왜 그렇게 나왔는지를 알아봄으로써 그 기업이 어떻게 돈을 벌어 남기는지 그 구조를 파악하기 위해서입니다. 여기서 한발 더 나아가, 앞으로 매출이 어떻게 되느냐에 따라 최종적으로 이익은 얼마나 변화할지 가늠하기 위해 손익 분석을 합니다.

만약 매출이 엄청나게 성장을 해도 그에 따라 비용이 천정부지로 치솟는 손익 구조를 가졌다면 투자자 입장에선 아무리 매출 증가 기대가 커도 매력적인 기업은 아닙니다. 하지만 그런 기업은 매출만을 강조하죠. 제대로 손익 분석을 하지 않으면 깜빡 속아 넘어가기 십상입니다. 매출에 따라 최종적으로 이익이 얼마나 남을지를 가늠하기 위해선 손익계산서상 매출원가와 판관비로 나뉜 비용을 스스로 재분류해야 합니다.

재분류의 기본은 매출원가와 판관비라는 기능적 분류에 상관없이 비용의 성격에 따라 고정비와 변동비로 구분하는 것입니다. 고정비는 말 그대로 매출이 어떻게 변하든 일정하게 발생하는 비용입니다. 유·무형자산의 감가상각비, 근로자 인건비 등이 이에 해당합니다. 변동비는 매출이 증가하면 따라서 증가하고, 감소하면 역시나 함께 줄어드는 성격을 가진 비용입니다. 원재료비가 대표적입니다. 라면 회사를 생각해보죠. 라면이 잘 팔리든 안 팔리든 공장을 돌리고 유지하는 비용은 별 차이가 없습니다. 특히 공장이란 유형자산에서 발생하는 감가상각비는 정해진 내용연수에 따라 꼬박꼬박 손익계산서의 매출원가로 잡습니다. 인건비도 마찬가지입니다. 비정규직 등으로 인해 노동 유연성이 높아졌지만 여전히 생산 공장에 투입되는 많은 근로자를 고무줄처럼 늘렸다 줄였다 할 순 없습니다. 때문에 인건비는 준(準)고정비로 봅니다. 이에 비해 라면의 필수 원재료인 밀가루 구입비는 어떤가요? 라면 판매량에 따라 조절이 가능합니다. 라면이 많이 팔리면 많이 만들어야 하니 더 많이 사올 것이고, 라면이 안 팔리면 적게 사들입니다. 따라서 원재료비는 매출에 연동되는 변동비라고 할 수 있습니다.

이제 고정비와 변동비 비중에 따라 매출 변동과 그에 따른 손익이 얼마나 변화하는지 실제 기업의 사례를 통해 살펴보겠습니다. 이를 통해 독자 스스로 관심이 있는 기업의 기초적인 손익 구조를 파악함으로써 해당 기업의 이익 전망은 물론 현재 주가가 적정한지도 가늠해볼 수 있을 것입니다.

고정비가 큰 산업의 손익 구조: SK하이닉스, 쿠팡

이익률이 널을 뛴 SK하이닉스

2018년 SK하이닉스*의 손익계산서입니다. 매출액은 약 40조 원에 영업이익이 20조 원을 넘었습니다. 영업이익률은 무려 51.5%에 달합니다. 제조업의 영업이익률로는 가히 역대급이라 할 수 있습니다.

2018년을 전후로는 어땠는지 볼까요. 불과 2년 전인 2016년 영업이익률은 19%에 불과했습니다. 2022년 매출은 44조 원으로

---

* 반도체라는 업종을 분석하기 위해선 여러 사업부문이 혼재돼 있는 삼성전자보다 반도체에 집중된 SK 하이닉스가 더 적합합니다.

SK하이닉스 손익계산서

	2023	2022	2018	2016
매출액	32,765,719	44,621,568	40,445,066	17,197,975
매출원가	33,299,167	28,993,713	15,180,838	10,787,139
매출총이익	−533,448	15,627,855	25,264,228	6,410,836
판관비	7,196,865	8,818,438	4,420,478	3,134,090
영업이익	−7,730,313	6,809,419	20,848,750	3,276,746
영업이익률	−	15.3%	51.5%	19.1%

2018년과 큰 차이가 없습니다. 그런데 영업이익은 6조 8,000억밖에 되지 않습니다. 2023년은 더 심합니다. 매출은 32조 7,000억으로 줄었고 영업손실(적자)을 기록했습니다. 수익성이 널뛰기를 한 것입니다. 그것도 아주 심하게 말이죠. 2023년 재무상태표에 따르면 자산이 약 100조에 달합니다. 자산의 4가지 핵심인 유·무형자산, 재고자산, 매출채권, 현금 비중을 보면 각각 56%, 13%, 7%, 9%가량 됩니다. 이 넷을 합치면 약 90%입니다. 자산에서 유·무형자산, 재고자산, 매출채권, 현금을 집중해서 봐야 하는 이유를 확인할 수 있습니다.

이제 손익계산서 비용을 매출원가와 판관비가 아닌 고정비와 변동비로 재분류하겠습니다. 고정비의 핵심은 감가상각비와 인건비입니다. 변동비는 원재료비가 절대적으로 중요합니다. 2022년 SK하이닉스의 사업보고서를 보겠습니다. 연결재무제표 주석으로 가보죠. '비용의 성격별 분류'를 통해 비용의 구성 내역을 확인할 수 있습니다. 또 그 바로 위에는 판관비를 떼어서 공시합니다. 주석으로 공시하는 '비용의 성격별 분류'는 매출원가와 판관비를 모두 더해 각 성격에 따라 표시한 금액이란 걸 알 수 있습니다. 기업이 제공하는 비용의 성격별 분류로도 손익 분석을 할 수 있지만, 엄밀히 말해 투자자 관점에서 기업의 손익 분석 대상이 되는 비용은 매출원가입니다. 매출을 발생하는 데 들어간 직접적인 비용이기 때문입니다. 때문에 전체 비용의 성격별 분류에서 판관비 부문을 떼어 내는 작업이 필요합니다. 본격적으로 비용의 3대 요소인 원재료, 인건비(급여), 감가상각비를 매출원가에서 분류합니다. 원재료는 판관비에는 당연히 존재하지 않습니다. 원재료가 전체 매출원가에서 차지하는 비중은 38%가량입니다. 이어 전체 급여에서 판관비에 들어가 있는 급여를 빼면 매출원가의 급여만 구할 수 있습니다. 계산해보면 15%가량입니다. 같은 방법으로 유·무형자산의 감가상각비를 구해서 매출원가 비중을 따져보면 45%에 달합니다.

결론적으로, 매출에 직접 대응하는 비용의 약 60%가 고정비(급여+감가상각)인 셈입니다.

같은 방법으로 SK하이닉스가 최대 영업이익률을 기록한 2018년 비용을 성격별로 분류해도 고정비 비중이 변동비(원재료비)를 압도합니다. 심지어 감가상각비는 그 절대 금액뿐 아니라 비중도 2018년에 비해 2022년 크게 늘었습니다. SK하이닉스가 대규모 유·무형자산 투자를 해 왔다는 것을 의미합니다.

SK하이닉스 고정비 변동비

2023년

전체 비용			판관비			매출원가		
원재료	9,547,151					원재료	11,150,976	38.5%
급여	5,406,915	-	급여	1,085,472	=	급여	4,321,443	14.9%
감가상각비	13,619,161		감가상각비	587,074		감가상각비	13,032,087	44.9%
총 비용	40,496,032		총 비용	7,196,865		총 비용	28,993,713	

2018년

전체 비용			판관비			매출원가		
원재료	5,659,357					원재료	5,659,357	37.3%
급여	3,669,809	-	급여	708,015	=	급여	2,961,794	19.5%
감가상각비	6,309,070		감가상각비	572,618		감가상각비	5,736,452	37.8%
총 비용	19,601,316		총 비용	4,420,478		총 비용	15,180,838	

이처럼 고정비가 크면 영업이익의 변동이 클 수밖에 없습니다. 고정비는 매출이 어떻게 되든 상관없이, 말 그대로 고정적으로 나가는 금액이기 때문입니다. 반도체 매출이 시원치 않다고 갑자기 직원들을 대규모로 해고할 순 없는 노릇입니다. 다 지어놓은 공장을 매각했다가 매출이 오를 것 같을 때 금방 뚝딱 다시 지어서 제품을 생산할 수도 없습니다. 어차피 비용은 업황이 좋으나 안 좋으나 거의 비슷하게 들어가지만 매출이 뛰어 고정비가 커버된다면 이를 초과하는 매출은 그대로 이익으로 직결됩니다. 2016년 대비 2018년 매출

은 135.2% 늘었는데 영업이익은 무려 536.1%나 크게 뛸 수 있었던 이유입니다. 반대로 2023년 매출은 2018년 대비 20%가량 감소했고, 이익은 그보다 더 크게 곤두박질쳤습니다. 즉 고정비가 큰 반도체 업종은 업황이 개선돼 매출이 증가하면 이익이 급증할 수 있다는 것을 알 수 있습니다. 이를 재무 분석적으로는 "'영업 레버리지'가 높다"라고 표현합니다. 앞서 듀폰 모델에 따른 ROE를 설명하면서 타인자본 조달을 많이 할 경우 '재무 레버리지' 효과를 볼 수 있다고 설명했습니다. 차입에 따른 이자비용이라는 고정비를 지불하더라도 이익을 높여 ROE를 향상시킬 수 있다는 것이었죠. 레버리지란 고정비를 지렛대로 하여 매출에 따라 이익을 극대화할 수 있다는 의미입니다. 그 가운데 영업 레버리지는 감가상각비와 인건비를, 재무 레버리지는 이자비용을 지렛대로 이용한 것이죠.

우리나라는 고도 성장기 대부분 고정비가 큰 산업들 위주로 발전해왔습니다. 반도체, 조선, 철강 등이 바로 그런 산업입니다. 고정비가 크니 자연히 매출 변동에 따라 손익의 부침이 심합니다. 그런데 그 매출이 수출에 크게 의존합니다. 반도체와 조선, 철강 등은 글로벌 경기에 따라 매출이 크게 좌우됩니다. 게다가 자원이 빈약한 우리나라는 원재료를 대부분 수입합니다. 수출수입 과정에서 환율도 큰 영향을 미칩니다. 우리나라 많은 기업들이 사업보고서에 환율에 대한 나름의 추정을 반드시 기재하는 이유가 바로 이 때문이죠. 결론적으로 우리나라 경제는 글로벌 경기와 환율에 매우 민감할 수밖에 없습니다. 국내 주식투자자라면 기업 단위의 현미경 분석도 중요하지만 매크로 분석과 글로벌 경기 전망 역시 굉장히 중요하다는 것을 명심해야 합니다.

13년 적자 끝에 나온 쿠팡의 첫 흑자가 주목 받은 이유

고정비가 부각되는 건 유통업계입니다. 그중에서도 쿠팡입니다. 지난 2022년 유통업계 최대 이슈는 3분기 쿠팡이 영업이익 흑자를 기록한 것이었습니다. 이어 2023년엔 창업 이후 처음으로 연간 흑자를 기록했습니다. 13년 만에 연간 흑자를 기록했다는 건 그 긴 시간 쌓인 엄청난 적자를 버텨왔단 것과 같은 말입니다. 이제 갓 적자에서 벗어난 기업에 금융투자업계가 흥분한 이유는 뭘까요? 이는 쿠팡이 G마켓 등 다른 온라인 유통 플랫폼과 다른 경영 전략을 펼쳐왔고, 그 전략이 마침내 빛을 본 것이기 때문입니다.

일반적인 온라인 유통 플랫폼 업체는 입점 업체로부터 판매 수익에 따른 수수료만 받는 손익 구조를 갖고 있습니다. 배송도 기존 택배업체에 위탁하고 있습니다. 초기 투자비용은 거의 들어가지 않으니 흑자를 내는 것은 어렵지 않습니다. 대신 변동비가 크기 때문에 성장에 따른 이익률 개선도 크게 기대하기 어렵습니다. 100억을 벌때 택배사에 50억을 비용으로 지불했다면, 200억을 벌어도 100억을 줘야 하기 때문입니다. 비용이 매출에 비례해서 따라 붙습니다.

이와 달리 쿠팡은 고정비 투자를 고집해 왔습니다. 물류센터를 직접 지어 운영하고 포장과 배송까지 모두 직접 했습니다. 물건을 직접 사와서 고객에게 쿠팡이 파는 것입니다. 앞서 백화점 매출인식을 설명하면서 말씀드린 총매출과 순매출의 차이와 같습니다. 당연히 초기 투자에 막대한 자금이 필요합니다. 쿠팡의 뒤엔 손정의 회장의 소프트뱅크가 설립한 비전펀드가 버티고 있습니다. 비전펀드의 막대한 지원을 등에 업고 대규모 투자를 이어간 것입니다. 하지만 그 막대한 비용을 넘어설 만큼의 매출을 올리려면 웬만큼 시장을 장악하지 않으면 불가능합니다. 쿠팡이 계속해서 엄청난 적자를 이어온 이유입니다.

　그런데 일단 그 비용 허들을 넘어서면 판이 확 달라집니다. 쿠팡은 그때부터 고정비를 지렛대로 매출이 커지면 이익 증가율은 그보다 더 크게 뛰게 될 테니까요. 신선식품 새벽배송으로 출발해 화장품 등으로 영역을 넓히고 있는 마켓컬리를 보는 시각도 이와 비슷합니다. 마켓컬리는 기업공개(IPO)를 준비하다 시장 상황 악화와 계속되는 적자로 인한 의구심이 이어지자 IPO를 미루고 있습니다. 적자 부분에 대해 마켓컬리 김슬아 대표는 '언제라도 흑자로 전환할 수 있다'라고 강조했습니다.*

---

* 2022년 4월 21일 중앙일보 보도

글로벌 투자은행(IB) 출신의 김 대표의 이 같은 자신감은 어떤 근거에서 나온 것일까요? 기본적으로 매출 증가에 대한 자신감이 전제가 돼 있어야 합니다. 그리고 쿠팡처럼 물류센터를 대규모로 갖추고 새벽배송 시스템을 깔아놓으면서 고정비 위주로 짜여 진 손익 구조를 봐달란 말이었다고 생각합니다. 매출이 순조롭게 높아진다면 곧 고정비 허들을 뛰어넘을 것이고 그 이후엔 이익이 폭발적으로 증가할 것이란 경영 전망을 표현한 것입니다.

마켓컬리가 영업이익 적자보다는 EBITDA 흑자를 강조하는 것도 같은 맥락입니다. EBIT는 Earnings Before Interests and Taxes expense로, 영업이익을 의미합니다. DA는 유형자산의 감가상각비(Depreciation)과 무형자산 상각(Amortization)입니다. 그러니 EBITDA는 영업이익에 유·무형자산의 상각비를 더한 것입니다. 마켓컬리처럼 고정비 투자가 큰 회사는 자연히 손익계산서상 감가상각비가 큰 비중을 차지합니다. 하지만 이 감가상각비는 이미 투자된 지출 금액으로, 장부상 비용입니다. 회사가 장부상으로는 적자를 보고 있지만 실제로는 이익을 창출하고 있다는 말을 하고자 하는 것입니다.

변동비가 큰 산업의 손익 구조: 2차전지, 오뚜기와 삼양, YG엔터

원재료인 광물가격이 하락하면 2차전지가 울상인 이유

이번에는 변동비 위주의 손익 구조를 살펴보겠습니다. 변동비의 대부분을 차지하는 것은 원재료 구입비입니다. 여기서 말하는 원재료비는 천연자원은 물론 소재와 산업재 등 중간재도 해당합니다. 자동차 회사라면 철강은 물론 타이어, 창문유리, 좌석 시트 등 외부 협력 업체에서 사오는 것이 모두 원재료비에 해당합니다. 원재료비 비중이 큰 대표적 업종이 2차전지입니다. 에코프로비엠, 포스코퓨처엠, L&F 등은 니켈과 코발트 등 자원을 사들여 양극재나 음극재, 전해질 등 기초 소재를 생산합니다. 이들에게 원재료는 니켈 같은 천연자원입니다. LG에너지솔루션, SK온 등은 이들 업체로부터 소재를 공급받아 2차전지 완제품을 생산합니다. L&F가 생산한 완제품이 LG에너지솔루션에겐 원재료가 되는 밸류 체인으로 연결돼 있는 것입니다.

변동비가 큰 산업으로 2차전지를 예로 든 것이 조금 의외일 수도 있습니다. 2차전지 시장이 크게 확대되면서 LG에너지솔루션, 에코프로비엠 등 2차전지 밸류 체인에 엮여 있는 많은 기업들이 어마어마한 유·무형자산 투자를 진행하고 있기 때문입니다. 누차 말씀드린 것처럼, 투자는 막연한 추측이나 감으로 하는 것이 아닙니다. 확실한 사실에 근거해야 합니다. 실제 이들 업체의 손익 구조는 어떤지 확인해볼까요. 2차전지의 대표 기업인 LG에너지솔루션의 2022년 사업보고서를 분석하겠습니다.[*] LG에너지솔루션이 LG화학으로부터 물적분할한 뒤 실적을 공개하기 시작한 2021년 이후 매출은 꾸준히 성장하고 있습니다. 하지만 매출이 늘어난 것 못지않게 매출원가도 따라서 늘면서 매출총이익률은 오히려 낮아지고 있습니다. 이것만 봐도 일단 2차전지 업종이 고정비보다는 변동비 비중이 크다는 것을 알 수 있습니다.

LG에너지솔루션 손익계산서

	2023년	2022년	2021년
매출액	33,745,470	25,598,609	17,851,906
매출원가	28,802,437	21,308,077	13,953,123
매출총이익	4,943,033	4,290,532	3,898,783
매출총이익률	14.6%	16.8%	21.8%
판관비	3,456,673	3,076,813	3,130,313
영업이익	1,486,360	1,213,719	768,470
영업이익률	4.4%	4.7%	4.3%

- 2023년 영업이익은 6700억 규모의 기타영업손익을 제외한 것
- 기타영업손익은 미국 IRA에 따른 세액공제 혜택에 따른 추정 금액

　　다만 손익계산서에 공시된 매출원가와 판관비로 비용을 구분하는 것은 분석 목적상 맞지 않습니다. 투자자에게 중요한 것은 매출

---

[*] 2023년 LG에너지솔루션의 손익계산서엔 미국 IRA에 따른 세액공제(AMPC) 혜택 추정 금액 6700억원 가량이 '기타영업손익'으로 포함돼 있습니다. 이는 실제 벌어들인 이익이 아닌 명목상 이익으로, 구조분석을 위해선 제외해야 하는 불편이 발생합니다. 때문에 2차전지 업계가 호황이었던 2022년 사업보고서를 기준으로 분석했습니다.

원가 가운데 고정비와 변동비가 얼마냐는 것입니다. 그래야 투자 의사 결정을 위한 포인트를 잡을 수 있습니다. 고정비의 핵심이 감가상각비와 인건비라면, 변동비는 원재료비가 가장 중요합니다. 앞서 고정비가 큰 SK하이닉스의 비용을 성격별로 분류한 것과 동일한 과정을 LG에너지솔루션에도 적용하면 전체 매출원가에서 원재료비 비중을 알 수 있습니다.

LG에너지솔루션 고정비

2022년 전체 비용			판관비			매출원가		
원재료	18,831,308					원재료	18,831,308	88.4%
급여	2,364,806	−	급여	998,400	=	급여	1,366,406	6.4%
감가상각비	1,842,713		감가상각비	140,358		감가상각비	1,702,355	8.1%
총 비용	24,384,890		총 비용	3,076,813		총 비용	21,308,077	

계산을 해보면 원재료비가 전체 매출원가의 90% 가까이 되는 것을 확인할 수 있습니다. 언론 기사 등을 통해 LG에너지솔루션이 대대적인 유·무형자산 투자를 진행한다고 하지만, 감가상각비 비중은 8%에 불과합니다. 2023년 사업보고서를 토대로 똑같은 분석 작업을 수행해도 감가상각비 절대금액은 커졌지만 그 비중은 별로 다르지 않습니다. 2차전지 업종을 볼 때 핵심 포인트는 원재료비라는 것을 명확히 보여줍니다.

2024년 들어 2차전지 업종이 어려운 시기를 보내고 있습니다. 가장 먼저 언급되는 이유는 2차전지의 가장 큰 수요처였던 전기차 시장이 움츠러들었기 때문입니다. 이건 매출에 악영향을 미치는 요인이고, 분석이랄 것도 없이 언론 기사 등을 통해 쉽게 파악할 수 있습니다. 하지만 정말 중요한 요인은 니켈, 리튬 등 광물자원 가격 하락입니다. 이는 비용 측면에서 매우 부정적입니다. 왜 그런지 살펴보겠습니다. 광물자원 가격이 하락하면 에코프로비엠 등 2차전지 소재 업체들 입장에선 원재료를 싸게 구입할 수 있으니 언뜻 좋을 것 같습니다. 하지만 문제는 앞서 재고자산에서 언급한 재고의 래깅효과입니다. 광물자원 가격 하락은 곧 제품 판매 가격의 인하 요구로 이어집니다. 광물자원을 싸게 사오게 됐으니 양극재 등 소재제품의 납품 가격도 낮추라는 것입니다. 거래 당사자 간 파워 게임인 것입니다. 현실적으로 소재 업체는 LG에너지솔루션 같은 완제품 생산업체에 비해 약자입니다. 요구를 들어줄 수밖에 없습니다. 그런데 현재 소재 제품을 만드는데 들어가는 광물자원은 가격이 하락하기 이전인 몇 달 혹은 1년 전에 사 놓은 것들입니다. 이로 인해 부정적인 래깅효과가 발생합니다.

앞서 100원에 원재료를 사와서 만든 제품을 200원에 팔았다고 가정해보죠. 100원의 마진이 남습니다. 그런데 원재료비가 50원으로 뚝 떨어지자 제품을 150원에 납품하라는 요구를 받게 됩니다. 여전히 제품을 만드는데 들어가는 원재료는 100원일 때 사온 것들입니다. 결과적으로 마진은 50원으로 뚝 떨어지게 됩니다. 2차전지 완제품을 생산하는 LG에너지솔루션 같은 업체들의 사정도 마찬가지입니다. 이들은 2차전지 완제품의 최종 고객사인 전기차 업체들과 또 다른 파워게임을 해야 합니다. 전기차 업체들도 광물자원 가격 인하를 이유로 배터리 납품단가를 낮출 것을 요구하기 마련입니다. 하지만 배터리 완제품 생산을 위해 사놓은 양극재 등 소재 제품 가격은 이전에 높은 가격에 사놓은 것들입니다. 결국 하단 생산업체부터 최종 생산기업까지 이어지는 산업 생태계에서 파워게임으로 인한 희생자는 반드시 발생할 수밖에 없습니다. 그리고 그 파워게임에서 약자는 재고의 부정적 래깅효과 때문에 앉아서 손해를 볼 수밖에 없습니다. 물론 반대로 광물자원 가격이 상승하게 되면 제품 판매 단가를 높일 수 있고, 긍정적인 재고의 래깅효과를 기대할 수 있습니다. 원재료비 변동에 따른 재고의 래깅효과가 이익에 얼마나 큰 영향을 미칠지는 결국 판매가격 조정을 위한 협상력에 달려 있습니다. 전기차 수요가 폭발해 전기차 업체들이 배터리 완제품을 확보하려 혈안이 돼 있는 상태라면 당연히 배터리업체가 힘의 우위에 서게 됩니다. 배터리 생산업체는 또 양극재 같은 소재 확보가 중요하기 때문에 에코프로비엠 같은 소재 업체들이 협상에 우위를 점할 수 있습니다. 그 결과 이들의 이익 개선 폭이 클 수 있습니다. 하지만 현재는 전기차 시장이 전반적으로 둔화되면서 수요가 시들한 상황입니다. 2차전지 완제품을 만들어도 전기차 업체들은 구매를 줄이거나 보류하고 있습니다. 자연히 LG에너지솔루션 같은 배터리 완제품

업체가 전기차 업체보다 열위에 있게 됩니다. 이러한 완제품 업체의 어려움은 그보다 더 하방에 있는 소재 업체에게 전가됩니다. LG에너지솔루션보다 에코프로비엠 같은 소재 업체가 더 큰 어려움을 겪는 이유입니다.

매출을 결정하는 전기차 성장세가 완전히 꺾인 것인지, 아니면 대중화 이전 일시적인 수요 정체(Chasm)인 것인지는 전망과 판단의 문제입니다. 적지 않은 전문성과 분석력이 필요하고 애써 전망을 해봐도 틀리기 십상입니다. 이에 비해 광물자원 가격은 추세 분석이 가능하고 현황을 시시각각 살펴볼 수 있습니다. 또 전기차 시장 생태를 잘 관찰하면 소재 업체와 배터리 완제품 생산업체 그리고 최종 수요처인 전기차 업체 간 힘의 균형도 알아차릴 수 있습니다. 조금만 부지런하고 기민한 투자자라면 투자 포인트를 잡을 수 있는 것입니다. 때문에 변동비 비중이 큰 산업이라면 매출이 얼마나 느는지도 중요하지만, 그보다 원재료 가격 동향을 예의주시하는 것이 성공적인 투자 의사 결정에 가장 중요하다고 할 수 있습니다.

2015년 오뚜기의 진짬뽕 열풍과 2024년 삼양의 불닭볶음면 인기를 다르게 봐야 하는 이유

원재료비 변동에 따른 재고의 긍정적 래깅효과가 극명하게 나타난 것은 2015년 식음료 기업들입니다. 특히 라면이 핵심 매출원인 오뚜기가 두드러졌습니다. 당시 언론 기사를 살펴보면 새로 내놓은 진짬뽕 열기 덕분에 실적이 개선되고 덩달아 주가 역시 크게 뛰었다고 설

오뚜기 손익계산서			
	2015년	2014년	2016년
수익(매출액)	1,883,098,974,718	1,781,728,719,562	1,728,175,159,245
매출원가	1,425,163,060,580	1,366,215,406,649	1,337,333,527,870
매출총이익	457,935,914,138	415,513,312,913	390,841,631,375
판매비와 관리비	324,526,723,021	299,642,376,864	285,765,910,017
영업이익(손실)	133,409,191,117	115,870,936,049	105,075,721,358
영업이익률	7.1%	6.5%	6.1%

명하고 있습니다. 하지만 당시 식음료 기업들 대부분 주가가 크게 뛰었습니다. 진짬뽕 때문에 오뚜기 주가가 뛰었다는 설명은 크라운제과처럼 동종 업계지만 주력 제품이 다른 기업의 주가 상승은 설명이 안되죠. 무엇보다 2015년과 2014년 손익계산서를 보면, 매출은 5.7% 가량 소소하게 증가한 것과 달리 영업이익은 무려 15.1%나 급등했습니다. 그렇다면 매출보다는 비용 구조 측면에서 실적 개선 요인이 있다는 것을 짐작할 수 있습니다. 핵심은 원재료인 곡물의 가격입니다.

식음료 기업은 제품 가격을 쉽사리 올릴 수 없습니다. 밀 가격이 뛰었다고 라면 가격을 올렸다간 당장 생활물가를 자극합니다. 소비자는 물론 정부까지 나서서 으름장을 놓습니다. 반면 곡물가격이 떨어졌다고 라면, 빵, 과자 가격을 내리지는 않습니다. 가격이 그만큼 탄력적이지 않은 것입니다. 2015년이 딱 그랬습니다. 국제 곡물가격은 2012년 4분기 이후 꾸준히 하락했습니다. 환율도 우호적이었죠.

곡물가격 자체도 낮아졌는데 그 곡물을 수입할 때 적용되는 환율까지 도와주니 원재료비가 크게 떨어졌습니다. 라면 가격은 여전히 1,000원으로 변동이 없는데 곡물 값이 낮아지고 환율도 우호적이어서 전엔 비용이 500원 들던 것이 이젠 300원이면 충분하다고 하면 당연히 이익은 껑충 뛰게 됩니다.

반대로 세계적인 밀 생산지인 우크라이나를 2022년 러시아가 침공하자 국제 밀 가격이 급등했습니다. 식음료 기업들은 곡소리가 났죠. 결국 거센 비판 여론에도 주요 제품 가격을 인상했습니다. 그래도 악화된 수익성을 만회하긴 힘들었습니다. 이번엔 재고의 부정적 래깅효과가 강타했기 때문입니다. 이처럼 식음료 업종에 대한 투자 판단을 내릴 땐 핵심 제품의 판매량을 보는 것도 중요하지만 그 핵심 제품에 들어가는 주요 곡물의 국제 가격 추이도 반드시 확인해야 합니다. 2015년 오뚜기의 진짬뽕 열풍은 숨어 있는 식음료 기업의 재무 매력을 발산시킨 하나의 방아쇠였을 뿐입니다. 일반적으로 식음료 기업에서 어떤 제품이 크게 히트를 친다고 해서 매출이 드라마틱하게 뛰는 경우는 거의 없습니다. 생각해보죠. 진짬뽕이 큰 인기를 끈다고 해서 1년에 라면 10봉을 먹던 사람이 기존 10봉에 진짬뽕을 더해 총 20봉을 먹진 않습니다. 여태 먹던 라면 중에서 일부를 진짬뽕으로 옮겨가겠죠. 이것이 자기시장잠식, 이른바 '카니발리즘'입니다. 매출의 외연 확대가 제한적이란 것입니다.

다만 2024년 불닭볶음면 열풍으로 인한 삼양식품 주가는 그 이유가 확연히 다릅니다. 이 경우는 불닭볶음면의 해외 시장 진출이 주가 상승의 동력입니다. 매출의 외연 확대가 크게 기대되면서 주가를 끌어올린 것입니다. 과거 초코파이의 동남아 시장 수출 증가에 따른 제과기업 주가 상승도 비슷한 사례입니다.

소비자에게 친숙한 식음료 기업들은 늘 자사 제품의 인기 덕분에 실적이 개선된다고 강조합니다. 그래야 경쟁력이 있어 보이고 시장의 주목을 받을 테니까요. 하지만 분석 목적으로는 냉철하게 봐야 합니다. 진짜 매출의 외연 확대가 이뤄지고 있는지, 아니면 글로벌 곡물 시장 흐름에 따른 비용 개선 덕분인지 말입니다. 만약 전자라면 해당 기업만 특정해 주목하는 것이 당연히 바람직합니다. 하지만 후자라면 비용 측면에서 가장 큰 수혜를 받는 기업은 어떤 것인지 따져봐야 합니다.

블랙핑크 재계약에 팬들은 환호했지만 YG엔터 주가는 하락한 이유

지금까지 고정비와 변동비 비중이 큰 업종을 예시로 손익 구조를 파악하고 분석을 하는 기본 방법을 말씀드렸습니다. 이번에는 실제 기업 사례를 통해 대규모 비용이 발생했을 때 어떤 식으로 손익에 영향을 미치게 될지를 분석해보겠습니다. 2023년 12월 YG엔터는 핵심 아이돌그룹 블랙핑크와 재계약을 맺었습니다. 정확한 재계약 금액은 공개되지 않았습니다. 다만 이듬해 3월 공개된 사업보고서의

15-2. 당기 및 전기 중 무형자산의 변동내용은 다음과 같습니다.

(당기)   (단위 : 원)

구 분	기초	취득	처분	상각	대체	매각예정대체	환율변동효과	기말
회원권	2,599,853,432	2,104,230,780	(2,968,742,980)	-	-	-	-	1,735,341,232
개발비	677,399,646	-	-	(181,306,217)	-	-	-	496,093,429
전속계약금	35,743,364	41,185,000,000	-	(5,458,797,274)	-	-	-	35,761,946,090
소프트웨어	666,494,491	578,229,685	(11,044,000)	(234,383,379)	66,400,000	(1,597,330)	-	1,066,099,680
기타무형자산	1,787,824,405	1,750,892,385	(78,622,372)	(453,272,094)	-	(56,666,650)	(149,616)	2,950,106,130
상표권	437,221,792	7,615,853	(18,965,690)	-	-	-	-	426,071,946
영업권	4,646,999,231	-	-	-	-	-	-	4,646,999,231
합 계	10,953,636,441	45,626,168,903	(3,077,375,051)	(8,327,758,964)	66,400,000	(58,263,886)	(149,616)	47,082,657,725

무형자산에 전속계약금 취득액이 412억 원으로 공시됐습니다. YG 엔터는 블랙핑크 재계약금 외 다른 지식재산권 비용도 있다고 밝혔 지만 대부분은 블랙핑크 재계약금이었을 것으로 추정됩니다.

이런 추정과 가정을 바탕으로 손익 분석을 해보겠습니다. 앞서 유·무형자산과 그에 따른 감가상각비를 설명하면서 엔터 업체의 연 예인 계약금은 무형자산으로 잡을 수 있으며, 내용연수에 따라 순 차적으로 상각해 비용처리 한다고 설명했습니다. 보통 내용연수는 계약 기간으로 잡습니다. 이에 따르면 YG엔터는 412억 원이란 고정 비가 생긴 것입니다. 정확한 계약기간은 알 수 없으니 편의상 4년이 라고 하면, 1년에 약 100억 원의 상각비(고정비)가 발생합니다. 고정 비가 발생하면 그 고정비를 커버하고도 남을 만큼의 큰 폭의 매출 성장이 이뤄져야 합니다. 그렇지 않으면 그대로 손익에 부정적인 영 향을 미치죠.

변동비도 생각해보겠습니다. 엔터회사의 가장 큰 변동비는 연예인 수익 분배에 따른 비용입니다. 엔터사와 연예인은 최종적으로 난이익을 나눠 갖는 것이 아니라, 매출이 발생하면 그 매출의 일정 부분을 나눠 갖습니다. 연예인 입장에선 소득이고 회사 입장에선 비용입니다. 매출이 발생하면 비례해서 따라 증가하기 때문에 이는 변동비입니다. 보통 첫 계약을 한 신인 아이돌 그룹의 수익 분배 비율은 50대 50정도로 알려져 있습니다. 하지만 블랙핑크는 어마어마한 팬덤을 보유했습니다. 그런 아이돌 그룹과 재계약을 했으니 이 비율은 완전히 달라질 것입니다. 블랙핑크가 90%는 가져가지 않을까 추측해봅니다. YG엔터 입장에서는 1,000억을 벌었다면 900억을 비용으로 처리해야 한다는 뜻입니다. 어마어마합니다. 여기에 블랙핑크 활동을 지원하기 위한 다양한 매니지먼트, 수행비용 등 판관비도 덩달아 증가할 것입니다. 고정비 증가에 변동비까지 늘면 YG엔터 입장에선 수익성이 개선되긴 쉽지 않습니다. 결국 비례해 증가하는 변동비는 물론 고정비까지 커버하고도 남을 만큼의 엄청나게 폭발적인 매출 성장이 이뤄져야 합니다. 하지만 블랙핑크 네 멤버는 그룹 활동은 같이 하지만 솔로 활동은 각자 하기로 했습니다. 앞으로 블랙핑크가 얼마나 더 큰 폭의 매출 성장을 이뤄낼지는 미지수지만, 솔로 활동에 따른 매출 감소는 현재 시점에서 확정된 것입니다.

그렇다면 YG엔터에 대한 투자 의사 결정을 할 때 결국 블랙핑크 그룹 활동이 일으키는 매출이 이전에 비해 얼마나 크게 뛸 것인지를 가늠해봐야 합니다. 거듭 말씀드리지만, 고정비와 변동비 증가로 인한 수익성 악화를 생각하면 매출이 어마어마하게 뛰어야 합니다. 또 2024년 데뷔한 베이비몬스터가 얼마나 빠른 시간 안에 수익성에 도움이 되는지도 관찰해야 합니다. 엔터 회사 입장에선 고정비 안 들어가고 변동비 부담도 적은 신인 아이돌이 가장 중요한 수익원입니다.

아이돌그룹을 두고 '7년 차 징크스'라는 이야기가 있습니다. 데뷔 후 7년이 지나면 재계약에 대부분 실패해서 그룹이 와해되거나 멤버 일부가 탈퇴하기 때문입니다. 왜 7년일까요? 우리나라 법에서 엔터사와 연예인 최초 계약기간을 7년으로 정했기 때문입니다. 엔터회사가 연습생을 뽑아 데뷔시키고 활동을 유지함으로써 이익을 내는 데 7년은 필요하다고 판단한 것입니다. 그런데 왜 대부분 재계약을 하지 안(못)할까요. 그룹 멤버 간 불화? 소속사와 갈등? 그런 것들도 물론 있겠지만, 가장 큰 이유는 엔터회사 입장에서 재계약을 할 재무적 유인이 적기 때문입니다. 재계약을 하게 되면 앞서 블랙핑크의 예처럼 계약금을 줘야 합니다. 처음 데뷔할 땐 없던 지출이죠. 고정비가 발생합니다. 또 수익 배분 비율도 연예인에게 유리해집니다. 변동비도 따라붙습니다. 인기가 많은 연예인일수록 그 금액들은 커집니다. 비용은 커지는데 매출은 어떨까요? 하루가 다르게 변하는 게 엔터업계입니다. 시간이 지나면서 자연스레 인기가 하락하기도 하고 사건사고에 휘말려 하루아침에 나락으로 떨어지는 일도 부지기수입니다. 앞으로의 매출 성장성에 의문이 붙습니다. 아이돌그룹은 엔터 회사의 가장 중요한 캐시카우(Cash cow)입니다. 마치 삼성전자의 반도체 공장과 같습니다.

만약 어떤 회사가 앞으로 매출 성장률이 신통치 않을 것 같거나 현상 유지 정도만 될 것으로 보이는 공장에 막대한 돈을 들여 개보수를 진행한다고 해보죠. 결코 현명한 경영 판단이 아닙니다. 차라리 그 돈으로 매출을 펑펑 일으킬 수 있는 새로운 공장을 세우고 더 좋은 제품을 만들어 내는 게 바람직합니다. 엔터회사도 마찬가지입니다. 지난 2017년 JYP는 미쓰에이 수지와 재계약을 하지 않았습니다. 지금도 수지의 인기는 높지만 당시 수지는 최고의 아이돌 스타였습니다. 그런 수지와 재계약을 하지 않자 주가는 약세를 보이기도 했습니다. 하지만 재무적으로는 JYP의 판단이 옳습니다. 큰돈을 들여 수지와 재계약을 하느니 그 돈으로 다른 아이돌그룹을 키워 성공적으로 데뷔시키는 것이 바람직합니다. 마치 더 좋은 공장을 새로 짓는 것과 같습니다. 반면 YG엔터가 블랙핑크와 재계약을 했을 때는, 주가가 당일엔 올랐지만 곧 약세를 이어갔습니다. 재무적 관점에서 보면, 앞서 설명한 이유대로, 수익성이 개선되기 힘들 것이란 우려 때문이었습니다.

'속 빈 강정'이란 말이 있습니다. 아무리 매출이 증가해도 비용이 더 크게 증가해버리면 투자 매력은 떨어집니다. 비용의 성격을 따져보고 결과적으로 손익에 어떠한 영향을 미칠지 분석해야 하는 이유입니다. 재무 분석에서 가장 중요한 것은 비용의 성격에 따른 손익 영향이란 걸 명심하시길 바랍니다.

ROE 분석 3: 자산효율성 분석

기업 재무 분석의 틀인 ROE에서 가장 눈여겨봐야 할 것은 두 번째 성장 동력인 자산효율성입니다. 앞서 설명한 수익성은, 많은 산업이 이미 성숙 단계에 올라온 데다 국경을 넘어 글로벌 완전경쟁에 가까워진 탓에 경쟁사 대비 더 우월함을 지속하기 쉽지 않습니다. ROE 증가의 핵심 열쇠는 자산을 얼마나 효율적으로 활용하는지에 달려있다고 해도 과언이 아닙니다. 앞서 설명한 대로 재무상태표의 자산에서 가장 중요한 것은 유·무형자산과 재고자산, 매출채권, 현금 등 4개입니다. 당연히 자산효율성 분석도 이에 맞춰져야 합니다. 공장에서 물건을 잘 만들어 내고(가동률), 그것을 좋은 가격에 많이 팔아 무사히 현금으로 잘 회수하고(운전자본 회전율), 그 현금을 다시 유·무형자산에 투자하는 것(현금 재투자)이 바로 자산효율성입니다. 쉽게 말해, 공장을 최대한 풀가동하고, 영업부서는 부지런히 제품을 팔아 오고, 총무부서는 빈틈없이 현금 회수를 한 뒤, 경영전략 담당자들은 열심히 더 좋은 투자처를 발굴해 내는 것입니다. 이러한 지속적인 과정이 선순환으로 이어지면 좋은 기업이고 지속적인 성장을 이어갈 수 있습니다.

그렇다면 가동률과 운전자본 회전율, 현금 재투자는 사업보고서에서 각각 어떻게 확인할 수 있는지 하나씩 살펴보겠습니다.

유형자산 가동률: SK하이닉스가 반도체 불황에도 100% 가동률 유지하는 이유

SK하이닉스의 사업보고서를 보겠습니다. 반도체 업황이 좋지 않았던 2023년에도 가동률은 100%를 유지하고 있습니다. 일부 소폭 조정은 있을지 몰라도 사업보고서상 SK하이닉스의 가동률은 100%입니다. 왜 그런지 생각해보죠. 반도체 생산기계 설비는 자동차 시동 껐다 켰다 하듯 할 수 있는 것이 아닙니다. 공장을 멈췄다 다시 가동해 제품을 생산하려면 최소 3개월의 시간이 필요합니다. 또 가동을 멈춘다는 건 그간 꾸준히 거래관계를 맺어온 반도체 장비, 소재 업체들과도 거래를 끊는다는 의미입니다. 그렇게 되면 납품 협력업체들도 공장을 멈춰야 합니다. 반도체 경기가 살아나서 다시 장비, 소재를 구매하려면 협력업체들부터 생산을 재개해야 합니다. 이 과정에서 또 적잖은 시일이 흘러갑니다. 그러니 최종적으로 소재, 부품 등을 납품 받아 반도체 공장에서 완제품을 만들려면 1년 이상의 시간이 소요될 수 있습니다. 자칫 눈앞의 반도체 호황을 보고도 놓쳐 버리는 경우가 생길 수 있습니다. 더군다나 반도체는 앞서 설명한

대로 고정비 비중이 압도적입니다. 이는 공장을 멈추든, 계속 돌리든 상관없이 지속적으로 발생하는 비용입니다. 즉 공장을 멈추더라도 절감할 수 있는 비용이 크지 않다는 의미입니다.

그렇다면 가동을 계속 유지해 제품(재고)을 일단 만들어 놓고 언젠가 반도체 경기가 다시 호황을 맞으면 쌓아뒀던 제품을 적극적으로 판매해 매출을 극대화하는 것이 현명합니다. 반도체 산업이 장비와 소재, 부품 등 다양한 밸류 체인으로 엮여 있어 가동률 유지가 특히 더 중요하지만 다른 일반적인 제조업들의 사정도 다르지 않습니다. 때문에 가동률이 떨어졌다는 것은 상당히 중요한 부정적 시그널입니다. LG디스플레이를 보죠. 2021년 사업보고서를 보면 구미와 파주, 광저우 공장의 가동률이 모두 100%입니다. 하지만 1년 뒤인 2022년 사업보고서를 보면 구미와 파주 공장은 4%가량 가동률이 떨어졌다. 광저우 공장의 가동률은 92.5%에 그칩니다.

100%와 92.5%의 차이가 별로 크지 않게 느껴질 수도 있습니다. 제조업의 유형자산은 사람으로 치면 심장과 같습니다. 심장의 일부가 뛰지 않는다는 것은 심각한 문제입니다. 유형자산 가동률이 100%가 되지 않는다는 것은 심장 일부분이 멈췄단 뜻이니 당연히 주목해야 합니다. 만약 가동률이 100%가 되지 않은 상태가 지속적으로 이어진다면 유형자산 투자가 과도하다는 것과 같은 의미입니다. 또는 수요가 좀처럼 살아나지 않는다는 뜻일 수 있습니다. 어느

LG디스플레이 가동률(단위: 시간)

2021년

사업소(사업부문)	가동가능시간	실제가동시간	평균가동률
구미	8,760 (24시간×365일)	8,760 (24시간×365일)	100.0%
파주	8,760 (24시간×365일)	8,760 (24시간×365일)	100.0%
광저우	8,760 (24시간×365일)	8,760 (24시간×365일)	100.0%

2022년

사업소(사업부문)	가동가능시간	실제가동시간	평균가동률
구미	7,644 (24시간×318.5일)	7,344 (24시간×306일)	96.1%
파주	8,746 (24시간×364.4일)	8,438 (24시간×351.6일)	96.5%
광저우	8,760 (24시간×365일)	8,100 (24시간×337.5일)	92.5%

- 주) 각 공장별 가동일수 기준으로 단순평균하여 작성함

쪽이든 막대한 돈을 들여 공장을 지었는데 제대로 써먹고 있지 못하니 손해가 막심할 수밖에 없습니다. 기업 분석을 할 땐 눈에 보이는 비용과 지출도 잘 따져봐야 하지만, 눈에 보이지 않는 기회비용도 생각해야 합니다. 공장 생산라인이 방치돼 있단 것은 그에 들어갔을 투자금액을 다른 더 좋은 곳에 썼을 수 있단 것입니다. 실제 LG디스플레이는 2024년 현재 광저우 공장 매각을 추진하고 있습니다.

재고자산과 매출채권이 잘 돌아야 돈이 돈다: 운전자본 회전율

공장(유형자산)에서 제품을 잘 만들어도 팔리지 않으면 소용이 없습니다. 또 물건을 잘 팔았더라도 제때 현금이 회수되지 않으면 그 기업은 유동성에 문제가 발생하게 됩니다. 제품이 얼마나 잘 팔리는지를 확인할 수 있는 지표가 재고자산 회전율입니다. 재무상태표의 올해 재고를 손익계산서의 매출원가로 나누면 재고자산 회전율이 나옵니다. 그리고 그것을 12개월 혹은 365일로 나눠 회전일수로 구할 수도 있습니다. 현금이 얼마나 잘 회수되는지는 매출채권 회전율로 구합니다. 재무상태표의 매출채권을 손익계산서의 매출로 나누면 됩니다. 그것을 또 12개월이나 365일로 나누면 회전일수가 됩니다.* 공식을 외워 숫자를 구하는 시험을 볼 것도 아니니, 중요한 건 회전일수의 개념을 잘 이해하는 것입니다.

삼성전자의 2023년 재고자산은 약 51조 원입니다. 매출원가는 180조 원에 달합니다. 180조 원을 12개월로 나누면 한 달에 약 15조 원의 비용을 쓴다는 것을 의미합니다. 그런데 재고자산이 51조 원 쌓여 있으니, 대략 3.5개월이면 재고가 팔려 나간다는 것을 뜻합니다. 반도체가 호황이던 2018년을 보면, 재고자산은 29조 원이고 매출원가는 132조 원가량입니다. 132조 원을 12개월로 나누면 11

---

* 재무상태표는 누적된 금액을 보여주는 저량(stock)을, 손익계산서는 기간 별 성과를 나타내는 유량(flow)을 보여줍니다. 때문에 회전율을 엄격히 적용하기 위해선 재무상태표상 재고자산과 매출채권은 전기 말과 당기 말의 평균을 이용해야 합니다. 하지만 구체적인 숫자를 계산하는 것보다는 회전율의 증감이란 흐름을 이해하는 것이 중요하기 때문에 여기서는 편의상 당기 말 수치를 이용했습니다.

조입니다. 한 달에 약 11조만큼 비용을 쓰는 셈입니다. 그런데 재고가 29조 원 쌓여 있으니 대략 2.6개월이면 재고가 팔려 나간다는 것을 의미합니다. 재고자산을 볼 땐 절대치가 중요한 것이 아닙니다. 재고가 늘면 그만큼 현금이 묶이기 때문에 안 좋게 볼 수 있지만 재고가 늘어난 만큼 잘 팔리면 아주 좋은 것입니다. 오히려 물건이 불타나게 팔리는데 재고가 부족하면 제때 제품을 팔 기회를 놓치니 꼴이니 기업 입장에선 손해입니다. 때문에 재고자산 회전일수는 해당 기업의 과거 수치 또는 경쟁기업과 비교를 해야 합니다. 그 비교 결과로 해당 기업의 제품이 얼마나 잘 팔리는지 가늠할 수 있습니다.

매출채권 회전일수도 같은 방법으로 구할 수 있습니다. 재무상태표의 매출채권은 손익계산서의 매출과 대응하기 때문에 매출채권을 매출액으로 나눠야 합니다. 2018년과 2023년 삼성전자의 매출채권 회전일수를 각각 구해보죠. 먼저 2023년 매출액은 259조입니다. 이를 12개월로 나누면 한 달에 약 22조씩 팔려 나간다는 것을 알 수 있습니다. 매출채권은 36조가량이므로 22조로 나누면 1.7개월 어치의 매출채권이 쌓여 있다는 결론을 얻을 수 있습니다. 호황이었던 2018년으로 가보겠습니다. 매출은 244조, 매출채권은 34조입니다. 같은 방법으로 구하면 매출채권 회전일수는 1.7개월로 차이가 없습니다. 삼성전자는 반도체가 호황이든 불황이든 현금 회수에는 별문제가 없다는 것을 알 수 있습니다. 이제 운전자본(working capital, 매출채권+재고자산) 관점에서 이들 회전율의 의미를 이해해보겠습니다. 완제품이 팔려 나가서 현금으로 돌아오기까지 2018년엔 4.3개월

(2.6+1.7)이던 것이 2023년엔 5.2개월(3.5+1.7)로 늘었습니다. 약 1개월 가량 늘어난 것입니다.

이것이 그리 큰 차이가 아니라고 생각할 수 있습니다. 만약 어떤 기업의 운전자본 회전율이 4개월에서 6개월로 늘었다면, 종전엔 1년에 3번 돈이 돌던 것이 이제는 1년에 2번밖에 안 된다는 것을 뜻합니다. 이 차이가 계속 이어지거나 점점 더 벌어지게 되면 유동성에 문제가 커지는 것입니다. 사람으로 치면 혈관에 이물질이 끼면서 언제가 막히게 될 위험이 커지는 것과 같습니다. 삼성전자의 경우 재고자산 회전일수가 늘어난 것에서 보듯, 생산한 반도체가 수요 둔화로 팔리지 않으면서 그대로 쌓여 있다는 것을 알 수 있습니다. 다만 회전일수를 통해 유동성 문제를 파악할 땐 기업의 특성과 비즈니스 관계를 잘 이해해야 합니다. LG디스플레이와 삼성디스플레이는 같은 업종에 속해 있지만 삼성디스플레이의 운전자본 회전일수가 LG디스플레이보다 현저하게 낮습니다. 삼성디스플레이가 LG디스플레이에 비해 매우 돈이 잘 돈다는 뜻입니다. 삼성디스플레이는 생산한 제품을 거의 전적으로 모회사인 삼성전자에 납품합니다. 당연히 재고를 안정적으로 받아주며 현금회수도 잘 이뤄집니다. 때문에 LG디스플레이와 삼성디스플레이의 운전자본을 비교하기 위해선 이런 밸류 체인의 차이에서 오는 격차를 인정하고 들여다봐야 합니다. 둘의 운전자본 회전일수 격차가 일정하게 유지된다면 이는 밸류 체인 때문에 발생하는 차이입니다. 하지만 그 격차가 급격히 좁혀지거나 추세적으로 넓어진다면 그땐 분석의 대상이 됩니다.

현금의 유·무형자산 재투자: 삼성전자가 1년에 55조원을 투자해도 목이 마른 이유

기업이 지속 성장하기 위해선 경쟁력 있는 제품을 계속 생산할 수 있어야 합니다. 그러기 위해선 꾸준히 연구개발에 투자를 해야 하고(=무형자산 투자), 실제 제품을 만들어낼 공장과 기계설비도 계속해서 업그레이드해야 합니다(=유형자산 투자). 결국 제품을 팔아서 번 돈을 얼마나 효과적이고 지속가능하게 재투자를 하느냐가 중요합니다. 유·무형자산은 사람의 심장과 같습니다. 신선한 피가 들어가 다시 심장을 펄떡펄떡 뛰게 만들어 계속 에너지를 생산해야 합니다. 기업이 유·무형자산에 얼마나 투자를 많이 하는지 알 수 있는 가장 손쉬운 방법은 언론 기사를 통해 접하는 것입니다. 대기업들은 공장 건설, 첨단 기계설비 구축 같은 주요 사항을 언론에 적극 알립니다. 별도 공시를 올리거나 사업보고서에 명시하기도 합니다. 하지만 언론의 관심을 비교적 덜 받는 기업은 그럴 수 없습니다. 또 개별 투자 건은 별도 공시를 할 정도의 큰 투자는 아니지만 누적이 되면 상당한 의미를 가지는 것들도 있을 수 있습니다.

점진적으로 지속되는 유·무형자산 투자는 그럼 어디에서 확인할 수 있을까요? 앞서 유·무형자산은 내용연수에 따라 순차적으로 감가상각 비용으로 처리한다고 설명했습니다. 감가상각비는 곧 해당 유·무형자산이 얼마나 늙어가고 있는지를 보여준다 할 수 있습니다. 따라서 매년 깎여 나가는 감가상각비보다 많이 유·무형자산에 투자돼야 최소한 현상 유지라도 할 수 있습니다. 즉, 감가상각비와 신규 유·무형자산 취득 금액을 비교하면 이 기업이 계속 성장하기 위한 재투자를 하고 있는지, 아니면 점점 심장이 노쇠해지고 있는지 판단할 수 있는 것입니다. 당연히 신규 유·무형자산 취득 금액이 감가상각비를 웃돌아야 기업이 성장을 위한 재투자를 활발히 하고 있다고 볼 수 있습니다. 급격히 성장하는 기업이라면 감가상각비 대비 신규 취득 금액이 매우 클 것입니다. 어느 정도 성장이 안정화 단계에 들어선 기업이라면, 일반적으로 물가인상분 등을 고려해 감가상각비 대비 적어도 1.5배 이상은 투자돼야 현상유지를 할 수 있다고 볼 수 있습니다. 만약 이보다 작다면 그 기업은 미래 장기 성장전망 측면에서 긍정적이라고 할 순 없습니다.

LG에너지솔루션의 2022년 사업보고서를 보겠습니다. 당시 2차전지 업종 전체가 호황을 맞으면서 하단의 소재 업체부터 상단의 배터리 완제품 업체까지 매우 공격적으로 투자에 나섰습니다.

LG에너지솔루션

	유형자산 합계
기초	15,331,047
사업결합	
취득/대체	14,773,469
처분/대체	−4,644,661
외화환산차이	504,869
감가상각비	−2,144,184
유형자산. 손상차손	−165,863
기말	23,654,677

삼성전자

	유형자산 합계
기초 유형자산	168,045,388
일반취득 및 자본적지출	54,916,362
사업결합을 통한 취득	73,128
감가상각비, 유형자산	−35,532,411
처분·폐기	−276,118
손상(환입)	−85,357
매각예정분류	−118,389
기타	233,659
기말 유형자산	187,256,262

2022년 LG에너지솔루션의 감가상각비는 모두 1조 7,000억 가량입니다. 취득 금액은 10조 7,000억을 훌쩍 웃도네요. 유·무형자산이 1조 7,000억 원 줄어들었는데 새로 10조 7,000억을 더 쏟아부은 것입니다. 2023년도 마찬가지입니다. 감가상각비는 2조 1,000억 원인데 비해 신규 취득 금액은 14조 7,000억 원에 달합니다. 어마어마한 투자가 이어지는 것입니다.

대규모 투자하면 언론 기사에 빼놓지 않고 나오는 것이 삼성전자입니다. 규모가 수십조 원에 달합니다. 하지만 중요한 건 절대금액이 아니라 앞서 언급한 것처럼 노쇠해지는 기존 자산 대비 얼마나 많은 신규 투자를 하는지입니다. 2023년 사업보고서에서 감가상각비 대비 신규 취득 금액을 확인할 수 있습니다. 감가상각비는 35조 5,000억 원에 달합니다. 자본적 지출은 약 55조 원입니다. 55조라는 엄청난 금액에 놀랄 수 있습니다. 하지만 1년에 비용으로 빠지는 35조 5,000억 원을 감안하면 공격적인 투자라기보다는 안정적으로 투자를 이어가고 있다고 봐야 할 것입니다.

챗GPT로 대표되는 생성형 인공지능(AI)의 발달은 현대 사회에 일대 변혁을 일으키고 있습니다. 이제는 수고롭게 데이터를 찾지 않아도 AI는 내가 원하는 정보와 데이터를 눈앞에 척척 정리해서 보여줍니다. 필요한 데이터를 '인지'해 원하는 형태와 결과물로 '제어'해 내놓는 것입니다. 삼성전자의 최근 3개년 재고자산 회전율을 알고 싶다면 예전엔 일일이 재무제표를 살펴야 했습니다. 하지만 요즘엔 간단히 챗GPT에 물어보기만 하면 손쉽게 얻을 수 있습니다. 주요 경쟁사와 비교한 데이터도 바로 얻을 수 있습니다.

다만 AI가 아직 하지 못하는 인간의 영역이 있습니다. 바로 '판단'입니다. 챗GPT는 삼성전자 주가가 앞으로 어떨지 판단하지 못합니다. 물론 앞으로 AI가 더 발달하면 인간의 고유 영역으로 여겨지는 판단까지 할 수 있을지 모릅니다. 하지만 분명 지금은 그렇지 않습니다.

이러한 발전이 의미하는 것은 무엇일까요? 투자의 관점에서 보면, 투자의 자유가 확장된 것입니다. 과거엔 투자를 빙자한 투기가 넘쳤습니다. 떠도는 풍문, 출처를 알 수 없는 정보, 막연한 짐작 등으로 돈을 굴렸습니다. 그런 투기를 투자라고 믿었습니다. 어쩔 수 없었습니다. 개인들은 접근할 수 있는 정보와 데이터에 한계가 있었습니다. 내게 필요한 데이터가 무엇인지, 또 그 데이터를 얻으려면 어떻게 해야 하는지 알려면 어마어마한 학습과 노력이 필요했습니다. 투자 관련 업종에 직접 종사하는 사람이 아니고서야 쉽지 않은 일입니다. 이제는 환경이 달라졌습니다. 새로운 환경에선 당연히 우리도 달라져야 합니다.

투자는 합리적인 의사결정 과정 끝에 도달한 선택입니다. 이를 위해선 내가 무엇을 알고 있는지, 또 알아야 하는지 정확히 인지하고 있어야 합니다. 그래야 챗GPT든 구글의 Gemini든 네이버의 클로바든, AI에 정확한 질문을 할 수 있습니다. 정확한 질문을 하면 AI는 정확한 답을 건네줍니다. 질문을 잘해야 좋은 결과물을 받을 수 있습니다. 가장 중요한 투자 선택을 위한 판단은 투자자 개인의 몫입니다. 당장은 실패를 할 수도 있습니다. 하지만 막연한 짐작으로 투기를 해서 돈을 잃었던 때와는 완전히 다릅니다. 투기로는 배울 수 있는 게 없습니다. 발전이 없습니다. 논리적이고 합리적인 투자를 했더라도 몇 번의 실수는 있을 수 있고 몇 번의 실패도 경험할 수 있습니다. 중요한 건 그 실수와 실패를 통해 잘못을 배우고 부족한 점을 개선함으로써 발전해 나갈 수 있다는 것입니다.

모쪼록 이 책이 투자 판단의 기나긴 과정에 도움이 되기를 바라겠습니다.